Jörg Isringhaus & Marion Meyer

Glücksorte in und um Miami

Mit Florida Keys

Dieses

Glücksbuch

ist für

Liebe Glücksuchende,

unter den amerikanischen Metropolen ist Miami sicher eine der schönsten und schillerndsten, schon alleine wegen ihres karibischen Flairs. Die Stadt nur auf Sonne, Strand und Meer zu reduzieren, würde ihr aber nicht ansatzweise gerecht. Sie hat weit mehr zu bieten – eine junge, wilde und kreative Kunstszene, originelle Shopping- und Design-Viertel, spektakuläre Architektur und eine quirlige kubanische Community, die das Alltagsleben prägt. Miami kennt keine Langeweile, in der aufstrebenden City findet jeder, was er sucht, ob Ruhe oder Rummel, ob Salsa oder Samba, ob kleines oder großes Glück. Auch, weil die Stadt nur ein paar Autostunden entfernt liegt von einer der wohl schönsten Inselketten der Welt, den Florida Keys. Nirgendwo sonst sind die Menschen lässiger, die Sonnenuntergänge roter, scheint das Hier und Jetzt gegenwärtiger. Wer sich Zeit nimmt und sich auf den Zauber dieser Orte einlässt, wird sich glücklich schätzen – und sie nie vergessen.

Viel Spaß beim Erkunden und Erleben! Enjoy!

Marion Meyer und Jörg Isringhaus

Deine Glücksorte …

... noch mehr Glück für dich

Die Kraft der Kreativität

1 Bei den Wynwood Walls in Wynwood

Wenn sich Hausfassaden in Leinwände verwandeln, ist das Ergebnis zumindest von der Größe her meist beeindruckend. In Miamis Stadtteil Wynwood wissen die monumentalen Wandgemälde auch künstlerisch zu überzeugen – die Wynwood Walls sind in der internationalen Kunstwelt schon lange ein Begriff. Ehemals prägten Lagerhallen und Fabriken das Viertel, nach deren Rückzug in den 80ern und 90ern übernahmen allmählich Aussteiger, Künstler und junge Entrepreneurs die leer stehenden Gebäude. Der ganz eigene, suburbane Spirit, der sich in den ehemaligen Brachen entwickelte, verwandelte auch deren Äußeres, spiegelt sich gewissermaßen in den plakativen Fassaden. An allen Ecken, auf allen erreichbaren Flächen vertrieben knallbunte Graffitis das Grau, krochen an den Hauswänden empor wie exotisches Efeu. Heute hat sich das quirlige Viertel längst in eine Open-Air-Galerie verwandelt, in der es in jeder Seitenstraße, in jedem Hinterhof, an jeder Garage Aufregendes zu entdecken gibt.

TIPP
Unbedingt mittags im mexikanischen Coyo Taco Restaurant mit schöner Terrasse essen gehen.

Das Herzstück des Kunstbetriebes aber bilden die Wynwood Walls, ein mittlerweile umzäuntes und nur gegen Eintritt zugängliches Areal, das besonders schöne Murals und einige Galerien bietet. Mehr als 100 Künstler aus 21 Ländern leerten rund 100.000 Farbdosen, um die etwa 3500 Quadratmeter Wandfläche dort mit ihren teils schrillen, oft schrägen, immer schillernden Kompositionen zu bedecken. Manches darf bleiben, anderes verschwindet wieder, muss einer neuen Vision weichen. So gesehen ist es Gebrauchskunst, der man hier begegnet, Pop-up-Art, die den Moment feiert und das Herz schneller schlagen lässt. Die überlebensgroßen Gemälde in Wynwood Walls wollen den Zuschauer überwältigen, ihn ablenken von der tristen Vergangenheit des Schauplatzes und hineinsaugen in die fiebrige Gegenwart. Indem sie die industriellen Zweckbauten ihrer Hässlichkeit berauben, feiern sie die Kraft der Kreativität – sich in seiner Umgebung wohlzufühlen, so lautet die Botschaft, ist immer auch eine Frage der Perspektive.

● Wynwood Walls, 2516 NW 2nd Avenue, Miami, FL 33127
www.thewynwoodwalls.com

東 方

Bunte Wahrzeichen

2 Lifeguard Towers in Miami Beach

Sie sind rund oder eckig, haben geschwungene oder gezackte Dächer, und sie leuchten schon von Ferne in den buntesten Farben. Die kunstvollen Türme der Rettungsschwimmer sind ein Wahrzeichen von Miami Beach und zieren unzählige Fotos. Ihr Design ist vom Art déco des Ocean Drive, der berühmten Straße in South Beach, inspiriert und erinnert gleichzeitig an Comics, was ein Lächeln in jedes Gesicht zaubert, das sich mit einem der 36 Exemplare fotografieren lässt. Die Türmchen bieten Orientierung an den langen Stränden und dienen als Treffpunkte im endlosen schneeweißen Sand. Auch wenn man dort Rettungsschwimmer oft vergeblich sucht, da sie nicht alle besetzt sind, kann man an den bunten Flaggen ablesen, wie sicher die Wasser- und Wetterkonditionen sind.

Hurrikan Andrew hatte 1992 mehrere der Lifeguard Towers in Miami Beach zerstört. Deshalb beauftragte die Stadt unter anderen den Architekten William Lane und sein Designteam mit der Gestaltung von Ersatzbauten. Die Rettungsschwimmertürme wurden so 1995 zu einem Symbol für die Wiederbelebung und kulturelle Renaissance der Stadt. Nachdem diesen Türmen Wind und Wetter zugesetzt hatten, wurde der Architekt 2015 wieder gebeten, neue Entwürfe zu erstellen. Er entwarf sechs Prototypen, die nun die gesamte Strecke vom South Pointe Park bis zur 86th Street säumen. In bunten Farben überstrahlen sie den Strand und lassen Kunst, Natur und Architektur äußerst gelungen verschmelzen.

Für den Architekten William Lane sind die Farben, die er „von der natürlichen Schönheit der Tropen“ ableitet, eine Reminiszenz an die Karibik. Die Form der Türmchen soll an die Moai-Figuren auf der Osterinsel erinnern, allerdings seien sie ein Ausdruck für Identität und Kultur in Miami Beach. Und obwohl Lane für viele der Design-Highlights der Stadt verantwortlich zeichnet, darunter der South Pointe Park und der Sunny Isles Beach Front Park, nehmen die Lifeguard Towers einen besonderen Platz im Herzen der Einwohner und Touristen ein.

● Lifeguard Towers, Strand von Miami Beach, von South Pointe Park bis 86th Street, zum Beispiel: 1st Street Lifeguard Tower, Miami Beach, FL 33139

HEALTH

Über den Wolken

3 Zu Gast in der Bar Sugar in Brickell

Mitten im Herzen Brickells wirkt der Himmel plötzlich zum Greifen nah. Zumindest wenn man sich dafür entscheidet, die im 40. Stock des East Hotel gelegene Rooftop-Bar Sugar zu besuchen. Dort, so hoch über den Dingen, scheint für die Dauer des Aufenthalts aller irdische Ballast von einem abzufallen. Entpuppt sich das exponierte Lokal doch nicht als unterkühlt stylishe Location, sondern eher als tropischer Traum in den Wolken. Tische, Stühle und Sofas verteilen sich in einer üppig begrünten Gartenlandschaft mit kleinen Bäumen und Büschen, die zum verspielten wie charmanten Charakter des Ortes beitragen. Vom Fahrstuhl führt der Weg direkt zur zentralen, holzgeschnitzten Bar, die genauso an einem balinesischen Pool stehen könnte, verbindet das Designkonzept doch asiatische Elemente mit Miamis modernem Metropolenflair.

Dieser Mix setzt sich beim gastronomischen Angebot fort, das ebenfalls von fernöstlichen Einflüssen inspiriert ist. So finden sich auf der Speisekarte etwa Edamame aus dem Wok, Frühlingsrollen, Sushi und koreanische Hähnchenflügel, an Sonntagen beliebt sind die Sake-Verkostungen, an denen unter anderem mit dem japanischen Reiswein versetzte Cocktails angeboten werden. Selbst bei den Biersorten dürfen asiatische Reminiszenzen dank der lokalen Brauerei Funky Buddha nicht fehlen.

Die Attraktion im Sugar aber ist das fantastische Panorama. Von der Bar aus schweift der Blick über die Wolkenkratzer des quirligen Stadtteils Brickell auf der einen Seite weit hinaus auf Hafen und Meer, auf der anderen Seite Richtung Innenstadt bis zu den nahen Wohngebieten. Magische Momente bieten sich vor allem dann, wenn man am Nachmittag bei einem kühlen Getränk erst den Sonnenuntergang genießt und danach beobachtet, wie sich die Nacht allmählich über Miami legt und die Stadt in ein glitzerndes Lichtermeer verwandelt. Selbst wer Floridas Metropole gut kennt, findet hier neue Perspektiven. Und wird sich danach sehnen, bald wieder zurückzukehren in dieses himmlische Paradies.

TIPP

Wer die Bar abends besuchen will, sollte etwas schickere Garderobe wählen.

● Sugar, East Hotel, 788 Brickell Plaza 40, Miami, FL 33131, Tel. +1 786 8 05 46 55

BANK OF AMERICA

Fenster zum Ozean

4

Phillip and Patricia Frost Museum of Science

Um durch ein riesiges Bullauge in die Tiefen des Ozeans zu schauen, muss man nicht mit der Nautilus von Kapitän Nemo unterwegs sein. Es reicht ein Besuch im Phillip and Patricia Frost Museum of Science in Miamis Bayfront Park. Dort wartet unter anderem ein mehrere Stockwerke umfassendes Aquarium darauf, in all seinen Details auf verschiedenen Ebenen erkundet zu werden. Am spektakulärsten ist dabei sicher das rund zehn Meter große, ovale Fenster, unter dem man wie vom Meeresboden hinaufschaut in die Unterwasserwelt. Es ist ein Ort der Stille, des Innehaltens, der Kontemplation. Schwerelos schweben Hammerhaie, Fischschwärme und Schildkröten über einen hinweg, elegant, würdevoll, majestätisch. Wer Zeit hat, sollte sich auf eines der Sofas setzen und sich diesem Anblick hingeben, die Begegnungen auf sich wirken lassen – Gänsehaut und Glücksmomente kommen dann von ganz alleine.

Sicher ist der Platz auf dem „Meeresgrund" der ungewöhnlichste des Museums, er ist aber beileibe nicht der einzige Grund, warum sich ein Besuch des modernen Gebäudes lohnt. Wird dort doch versucht, unterschiedliche Aspekte der Wissenschaft so praxisorientiert aufzubereiten, dass jeder daraus Erkenntnisse ziehen kann. Vor allem Kinder können sich in allen Bereichen des Hauses spielerisch unterschiedlichsten Themen nähern. Ob der Geschichte der Luft- und Raumfahrt in „Feathers To The Stars", wo sie eine Mondfähre steuern und den Moonwalk lernen dürfen; ob der Welt der Wissenschaft in „Power Of Science", wo sie lernen, wie empfindlich unsere Umwelt auf menschengemachte Einflüsse reagiert; ob der Fragilität der Natur im „River Of Grass", wo sie das Biotop Everglades virtuell erkunden können; ob des Weltalls im Planetarium, wo sie zu den Sternen reisen dürfen. Im Frost Museum geht es darum, die Dinge mit allen Sinnen zu erleben und so zu verstehen – in den Aquarienbecken auf dem Dach lassen sich auch Rochen streicheln. Echte Glücksgefühle für alle, die die Welt ein bisschen besser begreifen wollen.

TIPP

Unbedingt auch dem in unmittelbarer Nachbarschaft gelegenen Pérez Art Museum einen Besuch abstatten.

● Phillip and Patricia Frost Museum of Science, 1101 Biscayne Boulevard, Miami, FL 33132, Tel. +1 305 4 34 96 00, www.frostscience.org

Traum in Pastell

5

Der legendäre Ocean Drive in Miami Beach

Wer an Miami denkt, der assoziiert sofort Bilder vom Ocean Drive, diesem legendären, fast schon ikonischen Prachtboulevard. Nur liegt er nicht in der Metropole, sondern im vorgelagerten Miami Beach. Jeder Tourist möchte einmal die palmengesäumte Straße herunterflanieren, vorbei an pastellfarbenen Art-déco-Hotels mit ihren vorgelagerten Restaurants, um das Flair dieses einmaligen Ortes zu erleben. Schlägt er doch eine Brücke in die 1920er-Jahre, als Architekten das mehrere Blocks umfassende Viertel in South Beach in eine Ansammlung schillernd-schöner wie verspielter Bauten verwandelten, von denen heute noch rund 800 stehen. Einige der schönsten davon, der sogenannten Streamline Moderne zugehörig, finden sich am Ocean Drive, das Hotel Colony zum Beispiel, das Clevelander oder das Betsy.

Chrombalustraden, Bullaugenfenster und nautische Elemente zählen zu den faszinierenden Details dieser Gebäude, die die Straßenfront wahrscheinlich zu einem der meistfotografierten Spots in Florida machen. Wer einmal dort entlangspaziert, vor allem am Abend, wenn die Häuser im Neonlicht erstrahlen, wird dies wohl sein Lebtag lang nicht vergessen.

Mit zum unwiderstehlichen Reiz des Ocean Drive trägt seine Funktion als Laufsteg der Exaltierten, Exzentrischen und Extrovertierten bei, der Paradiesvögel, Poser und Promis und solchen, die sich dafür halten. Vor allem an den Wochenenden paradieren Heerscharen von Touristen die Prachtstraße hinauf und hinunter, vorbei an unzähligen Restaurants mit voll besetzten Tischen, und versuchen, so viel wie möglich von der speziellen Atmosphäre des Ortes in sich aufzusaugen. Früher kam zu dem Schaulaufen auch ein Schaufahren, rollten meist übermotorisierte oder optisch spektakuläre Straßenkreuzer Stoßstange an Stoßstange den Ocean Drive entlang. Heute ist der Boulevard verkehrsberuhigt und damit wieder ganz bei sich, ein Refugium der Schönheit und des schönen Scheins.

TIPP

Die Municipal Parking Garage an der 13th Street ist vergleichsweise günstig.

● Ocean Drive, Miami Beach, FL 33139

SOL
CERVEZA

Digitale Traumwelt

6 Immersive Kunst im Superblue in Allapattah

Wie schön wäre es doch, die Distanz zu einem Kunstwerk zu überbrücken, einzutauchen in die Welt der Farben und Formen. Es vielleicht gar umzugestalten, der eigenen Kreativität freien Lauf zu lassen, sich selbst einzubringen. Im Museum Superblue in Miamis Stadtteil Allapattah ist genau das machbar, zumindest in begrenzter Form, aber deutlich weitgehender als in jedem anderen Haus der Kunst. Spezielle Videoanimationen auf riesigen Hallenwänden lassen gigantische Blumen wachsen und verwelken, wenn Besucher mit ihren Händen über die Leinwand streichen; Regenfäden lassen sich lenken, Blumenblätter verwehen.

Immersive Kunst nennt sich der neue Trend, der Bilder über Video- und Soundeffekte in abgedunkelten Räumen lebendig werden lässt, quasi begehbare 3D-Skulpturen schafft und weltweit ein wachsendes Publikum findet. Erklärtes Ziel ist es, die Welt aus einer anderen Perspektive zu betrachten, die Werke als Zugang zu sehen zu einer neuen Wirklichkeit. Die Ausstellungen wechseln, der Grundgedanke ist aber bei allen gezeigten Werken gleich – sie sollen verblüffen, verwandeln, inspirieren und als Selfie-Hintergrund funktionieren.

TIPP

Auch das direkt gegenüberliegende Rubell Museum besuchen.

In gewisser Weise ist das Superblue die logische Fortsetzung von Wynwoods überdimensionalen Häuserwand-Graffitis, weil sie deren Intensität auf eine neue Ebene hebt, und liegt auch in unmittelbarer Nachbarschaft. Wie in dem angesagten Kunstviertel wurde auch hier ein ehemaliges Industriegebäude umgewandelt; nur die Größe der Räume lässt noch erahnen, dass dort ehemals Werkstoffe oder Maschinen standen. Fast 5000 Quadratmeter groß sind die Hallen, was das räumliche Erlebnis noch gewaltiger erscheinen lässt, fast überwältigend. Gleichwohl ermöglichen die immersiven Kunstwerke auch intime Momente, weil sie auf innerste Erfahrungen abzielen. Im besten Fall verlässt man das Superblue damit nicht nur begeistert angesichts dieser sinnlich-digitalen Wunderwelt, sondern auch bereichert um bislang unbekannte Blickwinkel.

● Superblue Miami, 1101 NW 23rd Street, Miami, FL 33127, Tel. +1 786 6 97 34 05
www.superblue.com

Von den Tropen verzaubert

7 Besuch im Fairchild Tropical Botanic Garden

Der blaue Himmelsfalter schwebt durch die Luft, fast meint man, seinen Flügelschlag zu spüren. Seine Spannweite kann bis zu zwölf Zentimeter betragen. Dutzende dieser wunderschönen Riesenschmetterlinge sind in „Wings of the Tropics" versammelt. Das Tropenhaus mit den exotischen Faltern und üppig tropischer Vegetation ist eines der Highlights des Fairchild Tropical Botanic Garden. Man kann durch es hindurchschlendern, immer am gurgelnden Wasserlauf entlang, oder auf einer der Bänke sitzen und sich von dem majestätischen Schauspiel der Schmetterlinge verzaubern lassen.

Der Fairchild Tropical Botanic Garden im Süden von Miami wurde mehrfach zum besten Botanischen Garten von Nordamerika gewählt. Er bietet auf einer Fläche von 34 Hektar verschiedene Vegetationszonen und ermöglicht so eine Reise durch ganz unterschiedliche Landschaften. Die größte Fläche nehmen die Bereiche mit Wasser ein. Um die mit Palmen gesäumten Seen kann man stundenlang auf gut geteerten Wegen spazieren und die Flora und Fauna genießen, Wasservögel und Schildkröten beobachten. Auch Alligatoren leben dort, Hinweisschilder warnen vor ihnen.

TIPP

Das Glasshouse Café bietet schöne schattige Plätze; viele bringen ihr Picknick einfach mit.

Es lohnt sich, die verschiedenen Lebensräume des Parks zu durchstreifen, die Palmenhaine, den Orchideen-Garten, das Arboretum mit seltenen Bäumen, die Savanne, den Bambus-Wald. Wer noch nie im tropischen Regenwald war, bekommt dort einen Eindruck: Düsen versprühen feinen Nebel, der dafür sorgt, dass sich tropische Gewächse wie Riesenfarne, Schlingpflanzen und Fächerpalmen wohlfühlen. Für den Besucher bietet sich in diesem dicht bewachsenen schattigen Abschnitt eine willkommene Erfrischung.

Wer einen Ort etwas abseits sucht, sollte zu „Moos Sunken Garden" gehen. Ein kleiner Wasserfall fließt in einen Teich, der etwas tiefer liegt als der Rest des Parks. Hier kann man wie in einer kleinen grünen Grotte auf einer Bank sitzen und sich dem meditativen Plätschern hingeben. Ein magischer Ort, den man mit etwas Glück eine Zeitlang ganz für sich allein hat.

● Fairchild Tropical Botanic Garden, 10901 Old Cutler Road, Miami, FL 33156, Tel. +1 305 6 67 16 51, www.fairchildgarden.org

Mit Sonnengruß in den Tag

8

3rd Street Beach Yoga am Strand von Miami Beach

Wenn die Sonne über dem Meer aufgeht, leuchtet der Himmel rot – ein magischer Moment. Direkt hinter dem Strandhäuschen der Lifeguards auf Höhe der 3rd Street trifft sich die Yoga-Gemeinde jeden Morgen um 7 Uhr zum gemeinsamen Training. Wem das zu früh ist, kann auch um 17 Uhr (im Sommer 18 Uhr) teilnehmen, dann allerdings ohne den spektakulären Sonnenaufgang. Dort trifft sich Jung und Alt, Tourist und Einheimischer, Frauen und Männer, denn diese sind in den USA beim Yoga meistens genauso stark vertreten. Jeder kann ohne Anmeldung kommen und gegen eine Spende von mindestens 10 Dollar mitmachen. Derart gemeinschaftlich vereint, kommen die Glücksmomente ganz von allein.

An diesem Morgen haben sich rund 30 Leute eingefunden. Yoga-Lehrerin Radha stimmt sitzend auf die Stunde ein. Jeder hat auf seinem Handtuch oder seiner Decke Platz genommen, um zur Ruhe zu kommen und für einen Moment nur den Wellen und dem Wind zu lauschen. Dann beginnt der Sonnengruß, Radha gibt ruhige Flows vor in der universellen Sprache des Yoga. Die Übungen sind auf der ganzen Welt gleich oder ähnlich. Deshalb lässt sich dem leicht folgen.

Manche Übungen, vor allem die Standhaltungen, sind im Sand schwerer, die Füße graben sich in den von der Nacht noch kühlen Untergrund ein. Radha spricht in ruhigem Ton und weist immer wieder auf die Schönheit der Natur hin. „Schaut, wie die Pelikane fliegen", „Fühlt den Wind auf eurer Haut" – die Sonne gewinnt schon an Kraft und wärmt den ohnehin durch die Übungen geforderten Körper. Zum Schluss folgt die kurze traditionelle Entspannung. Dann liegen alle nur auf ihrem Handtuch, lauschen den Wellen und den Seevögeln. Glückshormone und jede Menge Energie durchströmen den Körper – genug für einen neuen Tag. „Om – Shanti, Shanti, Shanti" – dann ist diese unvergessliche Yogastunde zu Ende.

TIPP

Anschließend bei Pura Vida an der Washington Avenue ein gesundes Frühstück einnehmen.

● 3rd Street Beach Yoga, Am Strand von South Beach, 3rd Street & Ocean Drive, Miami Beach, FL 33139, www.3rdstreetbeachyoga.com

Kleine Kunstoase

9 Rundgang durch den Hialeah Garden of the Arts

Duftend blühende Bäume, üppige Monsterae mit grün glänzenden Blättern, Palmenalleen und gepflegte Rasenflächen – das allein würde einen Besuch schon lohnen. Doch der Hialeah Garden of the Arts versammelt zudem rund 20 Kunstwerke lokaler Künstler. Don Quijote sitzt auf einem Stein aus Bronze und liest in einem Buch, seinen großen Speer lässig auf seiner Schulter abgestützt. An anderer Stelle steht ein überdimensionaler Engel mit großen Flügeln, der einen Stern über sich hält. „Impossible Dream" heißt diese Bronzeskulptur. Etwas weiter gehen zwei weiße, fast amorphe Figuren eine harmonische „Reunion" ein. Alle Skulpturen sind eingebettet in die tropische Vegetation. Wandmalereien finden sich auf Mauerteilen, die den Künstlern von der Stadt zur Verfügung gestellt wurden. Der Ort strahlt Ruhe und Frieden aus.

2015 erst wurde der Park in Hialeah, einer Kleinstadt im Nordwesten von Miamis Großraum, die sich im Untertitel „Stadt des Fortschritts" nennt, dank Fördergeldern ermöglicht. So darf sich Hialeah nun als stolze Besitzerin eines kleinen Freilichtmuseums bezeichnen. Dank gepflasterter Wege ist der Rundgang durch den Park rollstuhltauglich und wird gern von den Anwohnern als leichte Joggingstrecke genutzt. Ein Open-Air-Amphitheater bietet kleineren Veranstaltungen eine Bühne. Bänke im Schatten der Bäume laden ein zu einer kurzen oder längeren Rast. Dort möchte man sich sofort mit einem Buch hinsetzen. Gleich daneben genießen Geckos die Sonne auf den warmen Steinplatten – nicht nur die Menschen, auch die Tiere nutzen den Park als Rückzugsort.

Hialeah hat sich auf die Fahnen geschrieben, Kunst und Kultur zu fördern. So findet sich ein paar Blocks weiter der Leah Arts District, ein stadteigener Lebens- und Arbeitsraum für Künstler. Das einst vernachlässigte Viertel ist heute ein Paradies für Trödelläden, Antiquitätengeschäfte, Künstlerabende, Straßenfeste, Workshops, Livemusik und Performances, außerdem gibt es über 30 Wandmalereien zu sehen. Eine inspirierende Entdeckungsreise.

TIPP

Wer noch mehr Park will, besucht den nahe gelegenen und weitläufigen Amelia Earhart Park.

● Hialeah Garden of the Arts, 1700–1798 W 76th Street, Hialeah, FL 33014
www.hialeahfl.gov/489/Garden-of-the-Arts

Lagune mit Flair

10

Badespaß im Venetian Pool in Coral Gables

Unweit des Biltmore Hotels und mitten in Coral Gables lässt es sich buchstäblich eintauchen in europäisch angehauchte Lebensart. Bringt der Venetian Pool doch etwas venezianischen Glanz in die subtropische Stadtlandschaft, mit Brückchen, Pfählen und kunstvoll abblätterndem Putz am Mauerwerk. Nicht dass es Coral Gables an malerischer Kulisse mangeln würde, lautet der Spitzname des Ortes doch „The City Beautiful", die schöne Stadt. Tatsächlich aber hat sich das bereits 1924 eindrucksvoll im Stil einer italienischen Grotte erbaute Schwimmbad zu einem beliebten Treffpunkt für Einheimische und Touristen entwickelt, so dass am Wochenende oft wegen Überfüllung keine Besucher mehr eingelassen werden. Es lohnt sich also, früh da zu sein. In einem kleinen Strandbereich dürfen die Badegäste sich selbst nahe dem Atlantik fühlen wie am Mittelmeer, so gelungen ist die architektonische Kopie. Ursprünglich gab es sogar eine kleine Insel mit Gondeln an einer Anlegestelle, bis man sich entschied, sie abzubauen.

Mit rund 3100 Kubikmeter Inhalt ist der Venetian Pool das größte Frischwasserbecken in den USA, es speist sich aus unterirdischen Quellen. Schwimmer können sich in der Lagune treibenlassen, einen Wasserfall oder eine Grotte erkunden. Früher wurde das Wasser täglich abgelassen und neu befüllt, um das Baden attraktiver zu gestalten. Nach wachsender Kritik an dem Prozedere entschlossen sich die Betreiber, ein neues Verfahren zu entwickeln. Seit mehr als zwei Jahrzehnten wird das Wasser nun über Nacht in den Grundwasserspeicher zurückgeführt, dort natürlich gereinigt und am Morgen wieder ins Becken gespült.

Weil der ehemalige Korallensteinbruch, in dem das Schwimmbad entstand, in trockenem Zustand eine so überragende Akustik bietet, fanden und finden immer wieder Konzerte im leeren Becken statt. Sogar das Miami Symphony Orchestra musizierte schon auf dem Grund des Venetian Pool – an diesem Ort verbinden sich also Stilwille, Kulturgenuss und Badespaß auf einzigartige Weise.

TIPP

Wer nicht schwimmen will, darf mit einer wenige Dollar teuren Fotoerlaubnis in die Anlage.

● Venetian Pool, 2701 De Soto Boulevard, Coral Gables, FL 33134, Tel. +1 305 4 60 53 06

5 FT

Aus vergangenen Zeiten

11 Ancient Spanish Monastery in North Miami Beach

Wer eine Zeitreise in ein anderes Jahrhundert unternehmen will, muss durch das Tor des Ancient Spanish Monastery in North Miami Beach schreiten. Die mittelalterliche Klosteranlage prunkt mit einem verwunschenen Garten und altem Baumbestand, einem Kreuzgang, durch den das Licht schönste Stimmungen zaubert, sowie einem Innenhof mit Brunnen, der gerne als Spot für Fotoshootings dient. Auch wenn dort keine Mönche mehr leben, hat sich das alte spanische Kloster eine himmlische Atmosphäre erhalten.

Der Ort atmet Geschichte, und das in einer Stadt, die erst 1896 gegründet wurde. Da ist es mehr als verwunderlich, dass mit dem Bau dieser Abtei bereits im Jahr 1133 begonnen wurde, nahezu 360 Jahre, bevor Kolumbus Segel setzte für seine Reise in eine neue Welt. Das Ancient Spanish Monastery stammt aus der spanischen Provinz Segovia und war 700 Jahre lang im Besitz des Zisterzienserordens. Während der spanischen Revolution wurde es beschlagnahmt, verkauft und als Getreidespeicher genutzt. Der Zeitungsmagnat William Randolph Hearst erwarb es 1925 für 500.000 Dollar und ließ das Klostergebäude Stein für Stein in Kisten verpackt in die USA verschicken. Dort lagerte es 26 Jahre lang in New York, bevor Immobilienmakler es kauften, um eine Touristenattraktion daraus zu machen. So wurde das Kloster als „der Welt größtes Puzzlespiel“ (so das Times Magazine) wieder rekonstruiert. Heute wird es von der Kirchengemeinde St. Bernhard de Clairvaux genutzt, aber dient auch als beliebter Ort für Hochzeiten.

Man kann dort Ruhe und Frieden genießen, die das aus Zeit und Raum gefallene Kloster ausstrahlt. Oder auf die Details achten. Im Inneren der Kapelle gibt es schöne Glasfenster zu bewundern, davor eine kleine eiserne Glocke, mit der die Mönche einst zu den Mahlzeiten gerufen wurden – die Kapelle diente in Spanien noch als Refektorium, also als Speiseraum der Mönche. Mittelalterliche Statuen, Wappen, Reliefs und Säulen erzählen Geschichten aus längst vergangenen Zeiten.

TIPP

Auf dem Grundstück leben wilde Katzen, die sich über Futterspenden freuen.

● The Ancient Spanish Monastery, 16711 West Dixie Highway, North Miami Beach, FL 33160, Tel. +1 305 9 45 14 61, www.spanishmonastery.com

Ein Hauch von Kuba

12 In der Cerveceria La Tropical in Wynwood

Der angesagte Stadtteil Wynwood ist nicht nur bekannt für seine Straßenkunst, sondern auch als Ausgehmeile. Dort kann man sich entspannt treibenlassen und umherschlendern. So lassen sich Hinterhöfe und Lagerhäuser entdecken, die zu ungewöhnlichen Kneipen, Restaurants und Bars umgebaut wurden. Die Cerveceria La Tropical liegt allerdings am Ende einer Stichstraße, an der man eher nicht zufällig vorbeikommt, sondern die man gezielt ansteuert. Neben der Abkühlung durch eines der leckeren selbst gebrauten Biere erwartet den Gast auch köstliches kubanisches Essen in einem wunderschönen tropischen Garten voller Palmen, Orchideen und lauschiger Plätzchen – eine Hommage an die Ursprungsbrauerei auf Kuba.

Die Exil-Kubaner prägen die Kultur Miamis wie keine andere Gruppe von Einwanderern. In diese Cerveceria haben sie ihre Braukunst mitgebracht, denn La Tropical gab es auf Kuba schon im 19. Jahrhundert. Nachdem vorherige Rettungsversuche gescheitert waren, stieg Heineken 2017 bei La Tropical ein und begann, die Brauerei samt Biergarten und Schankraum mitten im Wynwood Arts District zu bauen. Seit 2020 wird dort nun Bier gebraut. Während La Original, ein Ambar Lager, etwas vollmundiger schmeckt, besitzt das leichte Tropiflaca eine zitronige Note. Dazu schmeckt ein kubanisches Sandwich Frita Cubana mit Bananenchips einfach himmlisch.

Tradition und Moderne vereinen sich in diesem gelungenen Ambiente. Der Schankraum mit großer Holztür, buntem Fliesenboden und Holzmöbeln verströmt Hacienda-Atmosphäre. Die Bar ist groß und offen, dahinter gibt es direkten Einblick in die Brauerei mit den silbern glänzenden Kesseln. Hier kann der Gast den Brauern unter der Woche bei der Arbeit zuschauen. Man sitzt entweder an hohen Tischen mit Hockern oder etwas chilliger auf Sofas und Sesseln. Lässig und mit südamerikanischer Leichtigkeit geht es hier zu. Kubanische Musik erklingt aus den Lautsprechern, und wer möchte, kann hier ein Tänzchen Salsa oder Rumba wagen, Platz genug gibt es auf jeden Fall.

● Cerveceria La Tropical, 42 NE 25th Street, Wynwood, Miami, FL 33137, Tel. +1 305 7 41 69 91, www.cervecerialatropical.com

Charme der Vergangenheit

13 Barnacle Historic State Park in Coconut Grove

Am Rand der geschäftigen Innenstadt von Coconut Grove, einem gepflegten Stadtteil im Süden von Miami, liegt der Barnacle Historic State Park, eine kleine Oase. Direkt neben der Hauptstraße beginnt ein friedliches Fleckchen ursprünglicher Natur, das Geschichte atmet und einen mitnimmt auf eine Zeitreise ins 19. Jahrhundert. Durch einen tropisch dichten Wald geht es direkt auf das historische Gebäude zu – das älteste Bauwerk im Großraum Miami, das noch an seiner originalen Stelle steht. Es war früher der Wohnsitz von Ralph Middleton Munroe, einem Visionär und Pionier, der das Haus 1891 aus alten Schiffshölzern baute. Er verliebte sich in die Schönheit von Coconut Grove und erweckte den Ort zum Leben.

Das Haus hat bis heute den Charme der Vergangenheit bewahrt. Besucher können das Innere des Gebäudes, das alle Stürme überstand, im Rahmen einer geführten Tour besichtigen und sich von der Eleganz vergangener Zeiten überwältigen lassen. Aber der Park ist mehr als nur das Haus. Er ist ein Paradies für Naturliebhaber und ein Ort, an dem man entspannen und die Schönheit der Vegetation genießen kann – und das ganz stadtnah. Mit seinen malerischen Wanderwegen und den wunderschönen Aussichten auf die Bucht von Biscayne ist der Barnacle Historic State Park ein magischer Ort, der unverändert seit fast 150 Jahren der Moderne trotzt.

TIPP

Etwas zu essen und zu trinken mitnehmen für ein Picknick auf der Wiese des Parks.

Regelmäßig finden Lesungen und kleine Aufführungen im Park statt. Vom Meer weht meist eine leichte Brise, was den Aufenthalt äußerst angenehm macht. Im Schatten stehen Bänke und Sessel, auf denen sich die Aussicht genießen lässt. Und im Schaukelstuhl auf der Terrasse des Herrenhauses fühlt man sich zurückversetzt in eine Zeit, in der dichter Wald noch die Landschaft zwischen Meer und Everglades prägte und die meisten Besucher auf dem Seeweg nach Miami kamen – ein erhebendes Gefühl!

● The Barnacle Historic State Park, 3485 Main Highway, Miami, FL 33133, Tel. +1 305 4 42 68 66, www.thebarnacle.org

Wünsche werden wahr

14 Entspannen und Shoppen im Upper Buena Vista

Fast wähnt man sich in einem verwunschenen Dorf in Asien oder Afrika. Herrlich lässt es sich hier im Schatten unter dem riesigen alten Banyanbaum sitzen und Kaffee trinken. Windspiele verströmen Tempel-Atmosphäre. Upper Buena Vista ist aufgebaut wie ein kleines exotisches Dorf, abgeschirmt nach außen, mit Gebäuden, die alle aus natürlichen Materialien gebaut und mit Reetdächern gedeckt sind. Der alte Banyanbaum, mit bunten Fähnchen und Bändern behängt, ist das spirituelle Zentrum dieses fast mystischen Ortes. Der Bodhi-Baum spendet Schatten und Schutz und „überträgt positive Energie", wie die Website des Upper Buena Vista verrät. Er ist angeblich 120 Jahre alt und dient, einer asiatischen Tradition folgend, als „wishtree", als Wunschbaum. Gegen eine Spende (ein Dollar wird empfohlen) bekommt man eines der bunten Bändchen und kann es mit einem Wunsch versehen an den Baum binden. Auch wer nicht daran glaubt, hat zumindest einen positiven Zweck unterstützt: Die Spende dient einer gemeinnützigen Organisation, die an anderer Stelle Bäume wieder aufforstet.

Wie in einem echten Dorf umgeben Geschäfte den zentralen Platz. Unweit des quirligen Design Districts in Midtown gelegen, herrscht hier allerdings eher entspanntes Chillen. Die kleinen Boutiquen bieten ungewöhnliche Bekleidung und Hüte, teils von Künstlern gestaltet. Daneben wird noch handgemachter Schmuck und ausgefallenes Kunsthandwerk in kleinen, individuellen Shops angeboten. Alle sind hier etwas spirituell angehaucht und überaus freundlich: Überall kommt man schnell ins Gespräch. In der Palapa finden kleine Konzerte statt. Wie es sich für ein richtiges Dorf gehört, gibt es auch einen Bäcker, der hier allerdings bunte Macarons vertreibt, einen Friseur – und einen Wellness-Bereich, in dem man Energie tankt und „in einem revitalisierenden Ambiente Körper, Geist und Seele erfrischt". Hier wird tatsächlich jeder Wunsch erfüllt.

● Upper Buena Vista, 184 NE 50th Terrace, Miami, FL 33137, Tel. +1 305 5 39 95 55
www.upperbuenavista.com

AMA
ZONICA
EPIC

Aromen des Fernen Ostens

15 1-800-Lucky Foodhall in Wynwood

Ein paar rote Lampions weisen den Weg. Ansonsten ist der Eingang zu diesem ungewöhnlichen Foodcourt inmitten des angesagten Wynwood-Viertels eher unscheinbar. Im Inneren verbirgt sich allerdings ein kleines Paradies für Feinschmecker. Wie der Name schon verrät: Hier isst man sich glücklich. Mit seinem umfangreichen Angebot an köstlichen Gerichten aus verschiedenen asiatischen Küchen nimmt einen 1-800-Lucky mit auf eine kulinarische Reise durch die Aromen des Fernen Ostens.

Die Atmosphäre ist die eines quirligen asiatischen Marktes. Überall dampft und gart es. Die einzelnen Essensstände versammeln sich um einen grünen, offenen Innenhof, der die Bühne bereitet für die kulinarischen Entdeckungen, die einen hier erwarten. Jedes der sieben Restaurants repräsentiert eine der authentischen und beliebten asiatischen Küchen, um sicherzustellen, dass jeder Besucher etwas findet, das seinen Gaumen anspricht. Egal ob Sandwiches aus Vietnam, Poke Bowls, Sushi und Ramen aus Japan, Kimchi-Reisgerichte aus Korea, Peking-Ente oder Dim Sum aus China – jeder bestellt, was er möchte. Am Tisch trifft man sich wieder und speist gemeinsam im Licht der roten Lampions. Und zum Abschluss kann man den Abend noch mit einer fantasievollen japanischen Eiskreation vom Stand des Taiyaki NYC abrunden. Matcha-Eis ist hier besonders beliebt. Die ungewöhnliche Waffel, in der das Eis serviert wird, besitzt die Form eines Fischschwanzes.

Die Foodhall ist zum beliebten Treffpunkt der jungen und hippen Szene Miamis geworden. Hier legt an den Abenden regelmäßig ein DJ auf, so dass 1-800-Lucky nach dem Essen zum Freilicht-Club mutiert. Auch bei der Livemusik ist Vielfalt angesagt: Von Jazz über Soul bis zu kubanischer Musik reicht das Programm. An den Karaoke-Abenden kann dann jeder selbst als Künstler auftreten. Die Mischung macht's. Dazu passt, dass es im Haupteingang durch einen Plattenladen geht. Musik und gutes Essen – sinnlicher geht es kaum.

● 1-800-Lucky, 143 NW 23rd Street, Miami, FL 33127, Tel. +1 305 7 68 98 26
www.1800lucky.com

Städtische Oase am Kanal

16

Ruhepause im Miami Beach Botanical Garden

Er liegt etwas abseits, ist aber trotzdem gut fußläufig vom Ocean Drive aus zu erreichen: der Miami Beach Botanical Garden – eine städtische Oase mitten in der Glitzer- und Neonwelt von South Beach. Hier kann man sich zurückziehen vom Trubel der Collins Avenue und einfach nur die Ruhe und den Frieden im üppigen Grün dieser subtropischen Insel genießen. Auf schattigen Bänken unter Palmen lässt es sich mit einem Buch gemütlich machen. Beim Betrachten der hübsch gestalteten Gärten kann man die Seele baumeln lassen. Drei Hektar groß ist der Miami Beach Botanical Garden – und der Eintritt frei. Das passt zu diesem herrlichen Garten, der Touristen aus aller Welt genauso als Refugium dient wie den Anwohnern als „Miami Beach's Backyard".

Im Palmengarten gibt es um die 100 Arten zu sehen, von der Washingtonpalme bis zur Dattelpalme. Im Garten mit essbaren Früchten gedeihen Papayas, Ananas, Granatäpfel, Kaffee und Feigen. Orchideen wachsen nicht nur im Beet, sondern auch an den Bäumen. Das Wasser spielt eine zentrale Rolle im Miami Beach Botanical Garden, der direkt am Collins Canal liegt. Dem hier tätigen Landschaftsarchitekten Raymond Jungles zufolge ist das Element Wasser in diesem Park von großer Bedeutung, weil es „den Himmel in den Garten bringt, den Raum belebt, die Landschaft widerspiegelt und die Bereiche direkt um die Gebäude herum kühlt". Kleine Fontänen zieren die Teiche und sind neben den blühenden Seerosen und Wasserlilien absolute Hingucker. Besonders harmonisch gelungen ist der Japanische Garten mit einer roten Holzbrücke und Steinlaternen. Im Teich tummeln sich bunte Kois. Das meditative Plätschern des Wassers passt bestens zur Harmonie des Zen-Gartens.

Wer noch ein schönes Geschenk sucht, könnte im kleinen Shop fündig werden. Dort gibt es nicht nur Samen und andere nützliche Dinge für Gartenliebhaber, sondern auch Schmuck und Kunsthandwerk lokaler Künstler.

TIPP

Im Park finden Yoga- oder Tai-Chi-Kurse statt: Unbedingt den Kalender vor dem Besuch checken.

● Miami Beach Botanical Garden, 2000 Convention Center Drive, Miami Beach, FL 33139, Tel. +1 305 6 73 72 56, www.mbgarden.org

Ein Traum in Türkis

17 Das Vagabond Hotel am Biscayne Boulevard

Ein Traum in Türkis und Weiß mit farbigen Tupfern ist das Vagabond Hotel am Biscayne Boulevard in Miami. Das türkis schimmernde Wasser des Pools harmoniert bestens mit den gleichfarbigen Sonnenschirmen und dem matten Weiß der Fassaden. Bunte Kissen auf den Liegen akzentuieren diese Komposition, alles ist aufeinander abgestimmt, korrespondiert miteinander. Es ist dieser unbedingte Stilwille, der das Vagabond abhebt von anderen Motels seiner Art, der es zu einem Ort macht, in dem die Zeit außer Kraft gesetzt scheint. Fühlt man sich doch auf einem der Barhocker oder bequemen Sessel rund um den Pool gleich zurückversetzt in eine Ära des Aufbruchs zu Beginn der 1950er-Jahre, als vor allem Amerikaner das subtropische Miami als gleichermaßen mondänes wie exotisches Reiseziel entdeckten. In der Eleganz des 1953 von Architekt Robert Swartburg konzipierten Hauses mit seinen klaren Linien liegt ein Versprechen auf eine moderne und formschöne neue Welt, in der Amerika eine Vorreiterrolle einnimmt.

Tatsächlich führte dieser Ansatz zu einem eigenen Architekturstil, der eigentlich schwer zu Vereinbarendes miteinander verband – Minimalismus und Glamour, Effizienz und Exzess. Miami Modern, kurz MiMo, wird dieser Stil bis heute benannt, dessen eindrucksvolle Ergebnisse vor allem an der Collins Avenue in Miami Beach und entlang des Biscayne Boulevards zu besichtigen sind. Dort trägt gleich ein ganzes Viertel die Bezeichnung MiMo, nämlich der Biscayne Boulevard Historic District, auch als MiMo on BiBo verulkt.

Das Vagabond Hotel zählt dabei sicher zu den schlichteren Vertretern, überzeugt aber als stimmiges Gesamtkunstwerk. Es trug mit dazu bei, dass sich die Gegend in den 1950er- und 1960er-Jahren in ein beliebtes Urlaubsziel verwandelte. Später änderte sich das. Davon, dass zwischenzeitlich gar wegen wirtschaftlicher Probleme der Verfall des Hauses drohte, ist heute nichts mehr zu sehen. Stattdessen überrascht das Motel als still leuchtende Oase am lauten Boulevard.

TIPP

Die Poolbar öffnet auch für Gäste, die nicht im Vagabond übernachten.

● Vagabond Hotel, 7301 Biscayne Boulevard, Miami, FL 33138, Tel. +1 305 4 00 84 20
www.thevagabondhotelmiami.com

VAGABOND MOTEL

Savoir-vivre an der Theke

18 La Sandwicherie in South Beach

Eine Theke mit Barhockern an den offenen Fenstern, ein roter Baldachin darüber mit Lichterketten, die für Florida üblichen Palmen – mehr braucht es nicht, um La Sandwicherie in ein Kleinod mitten im trubeligen South Beach zu verwandeln. Bereits seit 1988 serviert dieses unprätentiöse Restaurant in einer ruhigen Seitenstraße zwischen Ocean Drive und der lauten Washington Avenue „himmlische" französische Sandwiches. Eine kleine Glücksinsel inmitten des Getriebes. Wer in South Beach Appetit hat, aber nicht so tief ins Portemonnaie greifen und eines der vielen schicken Restaurants besuchen will, ist dort an der richtigen Adresse.

Man bestellt am Fenster und kann von dort genau beobachten, wie einer der Mitarbeiter das Baguette frisch zubereitet. Für rund zehn Dollar bekommt man dort die herrlichsten Sandwiches, Klassiker mit Roastbeef genauso wie Seafood Mix oder rein vegetarisch, und das auf französischem Baguette, Vollkornbrot oder Croissant. Natürlich frisch und äußerst lecker. Etwas teurer sind die Signature Sandwiches, auf denen die Küchenchefs besondere Kombinationen kreieren, etwa ein tropisches Sandwich mit Papaya und Avocado oder eines mit geräuchertem Lachs und Mozzarella. Wer will, kann die French Vinaigrette Sauce aus eigener Herstellung auch für zuhause mitnehmen. Die Baguettes reichen übrigens locker für zwei, so üppig sind sie belegt. Das erfreut im hochpreisigen Miami gleich doppelt.

Am Tresen der Sandwicherie treffen sich Einheimische genauso wie Zugereiste, Geschäftsleute wie Urlauber. Man sitzt dicht an dicht nebeneinander und kommt leicht ins Gespräch. Auch mit den Mitarbeitern, die neben dem Zubereiten der Sandwiches mit den Gästen plaudern. Es wundert also nicht, dass La Sandwicherie mittlerweile sein Konzept ausgeweitet und Filialen in anderen Stadtteilen von Miami eröffnet hat. Aber begonnen hat alles in South Beach – an einem Ort, der französischen Charme mit karibischem Flair verbindet.

● La Sandwicherie, 229 14th Street, Miami Beach, FL 33139, Tel. +1 305 5 32 89 34
www.lasandwicherie.com

La Sandwicherie
Pick Up
HERE

Spektakuläre Aussichten

19 Besuch im Pérez Art Museum Miami in Downtown

Miami ist eine Kunstmetropole. Seit 2002 die Messe Art Basel Miami Beach ins Leben gerufen wurde, haben immer mehr Museen und Galerien eröffnet, egal ob in Wynwood, im neuen Miami Design District oder in Downtown. Das ganze Jahr über lohnt sich deshalb ein Besuch für Kunstliebhaber. Ein absolutes Muss ist das Pérez Art Museum Miami (PAMM), direkt an der Biscayne Bay gelegen. 2013 zog es an diese bevorzugte Lage am Rande von Downtown. Im Maurice A. Ferré Park liegt es neben dem Phillip & Patricia Frost Museum of Science. Ein Besuch beider Museen lässt sich gut miteinander verbinden, zumal sie ein gemeinsames Parkhaus betreiben.

Den spektakulären Bau mit hängenden Gärten und riesigen Glas- und Metallfassaden schuf das Schweizer Architektenbüro Herzog & de Meuron. Das dreigeschossige Gebäude steht auf einem Sockelplateau. Filigrane Stützen tragen das weit ausladende Dach, das so für eine natürliche Verschattung des Hauses sorgt – in einer sonnigen Stadt wie Miami sehr wichtig. Im Inneren wird die herausragende zeitgenössische Sammlung mit Schwerpunkt auf Kunst des 20. und 21. Jahrhunderts in wechselnden Ausstellungen präsentiert, die die Vielfalt der Kulturen Miamis durch Werke aus Afrika, Asien, Latein- und Südamerika widerspiegeln. Die Räume sind hell, großzügig und variabel nutzbar, so dass die Gesamtfläche von fast 20.000 Quadratmetern bei jedem Besuch anders wirkt. Den atemberaubenden Außenbereich sollten sich Besucher ebenfalls nicht entgehen lassen. Auf der großen Freitreppe zur Biscayne Bay kann man sich niederlassen und das Treiben im Hafen und auf dem MacArthur Causeway beobachten. An das Museum angeschlossen ist ein Skulpturenpark mit Werken renommierter Künstler, der sich auch ohne Museumsticket besuchen lässt. Palmenalleen und tropische Bepflanzung säumen die beeindruckenden Werke aus Bronze und Gips. Von der erhobenen Terrasse des PAMM aus hat man den besten Blick – und kann sich dort in an Ketten hängenden Sitzmöbeln von der Meeresbrise sanft schaukeln lassen.

TIPP

Unbedingt auch Leandro Erlichs begehbare Installation „Swimming Pool" im Außenbereich besichtigen.

● Pérez Art Museum Miami, 1103 Biscayne Boulevard, Miami, FL 33132, Tel. +1 305 375 30 00, www.pamm.org

Ein Haus der Geschichte

20

Die Villa Vizcaya in Coconut Grove

Die Villa Vizcaya in Coconut Grove ist, ganz ihrem baskischen Namen entsprechend, wahrlich ein „erhabener Ort“. Elegant und anmutig steht sie am Ufer der Biscayne Bay, inmitten eines europäisch inspirierten Gartens. Die Anlage von Versailles stand unter anderem Pate für die Winterresidenz von James Deering, eines Großindustriellen mit einem Hang zu den schönen Künsten und den kulturellen Reichtümern der Alten Welt. Zwei Jahre, von 1914 bis 1916, dauerte es, bis rund 1000 Arbeiter die pompöse, im norditalienischen Renaissance-Stil gehaltene Villa errichtet hatten, damals noch als Herzstück eines mehr als 72 Hektar großen Geländes. Die Kunstwerke und das erlesene Mobiliar, das die insgesamt 70 Räume in kleine Schatzkammern verwandeln, kaufte sich Deering auf vielen Reisen in Europa zusammen. Bis heute atmet das Haus den Geist seines nach Schönheit und Perfektion strebenden Bauherrn, setzt es doch einen stilistischen Kontrapunkt zu den Glas- und Stahlpalästen der Metropole Miami, deren Skyline sich besonders fotogen vom Teehaus am Wasser einfangen lässt.

Vizcaya Museum and Gardens, wie der auf 20 Hektar geschrumpfte schlossartige Komplex heute offiziell heißt, ist auch ein Ort der Entschleunigung. Es gilt, kein Detail zu verpassen. Den Anleger in Form eines versunkenen Schiffes beispielsweise oder den Pool, dessen Wasser fast überirdisch blau schimmert, selbst für floridianische Verhältnisse. Auch für den symmetrisch aufgebauten, von Architekt Diego Suarez gestalteten Garten gilt es, viel Zeit mitzubringen, so verführerisch ist es, aus immer neuen Perspektiven Deerings Villa zu begutachten. Und daran zu denken, wer im Lauf der Jahre alles dort residierte, von Magnaten bis Leinwandstars, oder welche Filme sich das Anwesen als exklusive Kulisse schon ausliehen. Selbst Papst Johannes Paul II. war schon zu Gast, er traf dort auf den damaligen US-Präsidenten Ronald Reagan. Die Villa hat viele Geschichten zu bieten und ist zugleich ein Ort der Geschichte.

● Vizcaya Museum and Gardens, 3251 South Miami Avenue, Miami, FL 33129, Tel. +1 305 2 50 91 33, www.vizcaya.org

Tempel mit Tiger

21 Im Zoo Miami in South Miami

Majestätisch posiert ein Tiger vor einem indischen Tempel, taxiert kurz sein Territorium, bietet für ein paar Sekunden das perfekte Fotomotiv. Als wüsste er, was er seinen Fans schuldig ist, die seinetwegen in Heerscharen in den Zoo von Miami pilgern. Die großzügige Anlage mit dem monumentalen Tempelnachbau ist nicht nur eines der schönsten Freilandgehege, sondern auch eine der Hauptattraktionen des Tierparks, der sich über ein Gebiet von rund 300 Hektar erstreckt.
Wer wenig Zeit hat oder angesichts der oft schweißtreibenden Temperaturen lange Fußwege scheut, ist gut beraten, sich eines der angebotenen Familienfahrräder zu leihen. Allen anderen Besuchern ermöglicht der Zoo einen mehrstündigen Spaziergang vor allem durch die subtropischen Areale Asien, Australien, Afrika und Amazonas, deren tierische Bewohner sich im Klima Floridas heimisch fühlen. Dabei haben sich die Architekten bemüht, natürliche Landschaften nachzubilden, um den etwa 3000 im Zoo lebenden Tieren eine möglichst artgerechte Umgebung zu bieten. Ziel des Zoos ist es, bei den Besuchern Verständnis für die bedrohten Ökosysteme des Planeten zu wecken. Mehr als 1000 verschiedene Baum- und Pflanzenarten sorgen für ein authentisches Ambiente.
Zuletzt entstand die Mission Everglades, um den Menschen die aufregende Wildnis vor der eigenen Haustür nahezubringen. Neben Rosalöfflern, Reihern und Pelikanen gehören dazu unter anderem auch Panther, Schwarzbären und Otter, insgesamt über 60 Tierarten. Gehalten werden in diesem Bereich nur Exemplare, die wegen Krankheit oder Verletzungen in der Natur nicht überlebensfähig wären. Nicht fehlen dürfen natürlich auch Alligatoren und ein Spitzkrokodil, durch dessen Wasserbecken ein Tunnel aus Acrylglas führt. Vor allem für Kinder ein unvergessliches Erlebnis, können sie der Riesenechse, so sie denn einen aktiven Moment erwischen, quasi Nase an Nase gefahrlos direkt in den geöffneten Rachen blicken. Spektakulärer lassen sich diese imposanten Tiere nicht erleben.

TIPP

Hinter dem Eingang lassen sich diverse Tretmobile mieten, um das Areal zu erkunden.

● Zoo Miami, 12400 SW 152nd Street, Miami, FL 33177, Tel. +1 305 2 51 04 00
www.zoomiami.org

Markthalle mit Panorama

22 The Citadel in Little River

Im Norden von Little Haiti, im Stadtteil Little River, braut sich gerade etwas zusammen, was sich als neuer kreativer Hotspot im Herzen Miamis etablieren könnte. Während im angesagten Trendviertel Wynwood zunehmend der Charme alter Industriebauten zugunsten schicker Restaurants und edler Läden verblasst bei einem entsprechend hohen Preisgefüge, keimt in Little River das zarte Pflänzchen alternativen Gründergeists. Neben kleinen Lokalen siedeln sich dort originelle Boutiquen, Restaurants und Kneipen an. Im Zentrum all dessen steht The Citadel, ein vierstöckiges, äußerlich eher unscheinbares Gebäude, das wie ein überdimensionaler Schuhkarton aus der Nachbarschaft emporragt. Tatsächlich ist es Dreh- und Angelpunkt eines jungen Szeneviertels, dessen Bewohner sich dort zum Essen, Feiern und Einkaufen treffen. Bei einem Bummel durch The Citadel mit anschließendem Snack oder einem Getränk auf der Dachterrasse zeigt sich Miami von seiner jungen und erfrischend normalen Seite.

Herzstück im Erdgeschoss ist eine luftige, mit viel Grün und warmen Holztönen gestaltete Foodhall, die etwa ein Dutzend Restaurants mit ebenso vielen Geschmacksrichtungen bietet. Ob Japanisch, Karibisch oder Italienisch, dort findet jeder das passende Gericht zu vergleichsweise normalen Preisen. Wer möchte, kann gleich dort speisen; das Interieur erinnert eher an ein Café als an eine Markthalle. Eindeutig spektakulärer aber ist es, seine Mahlzeit auf der großzügigen Dachterrasse einzunehmen. Von den bequemen Korbstühlen aus überblickt man das innerstädtische Häusermeer, die Atmosphäre ist lässig leger. Bei einer der freundlichen Bedienungen kann man das Essen ordern, das man sich unten ausgesucht hat – es wird von dort nach oben an den Tisch gebracht.

Danach empfiehlt es sich, den spektakulären Ausblick zu genießen, in einem der kleinen Läden im Erdgeschoss zu shoppen oder eines der regelmäßig stattfindenden Konzerte im Zwischengeschoss zu besuchen. Das wäre dann ein besonderer Glücksfall.

TIPP

Vor dem Sonnenuntergang kommen, um die wechselnden Lichtstimmungen zu genießen.

● The Citadel, 8300 NE 2nd Avenue, Miami, FL 33138, Tel. +1 305 9 08 38 49
www.thecitadelmiami.com

Training unter Palmen

23

Sportlich aktiv im Lummus Park in Miami Beach

Zwischen Atlantischem Ozean und Ocean Drive erstreckt sich in Miami Beach ein Grüngürtel, von dem aus sich das Treiben in diesem touristischen Hotspot entspannt beobachten lässt. Seiner großartigen Lage ist es wohl auch geschuldet, dass der Lummus Park als Schauplatz in vielen Filmen und Serien auftaucht. Fügen sich die pastellfarbenen Art-déco-Gebäude des Ocean Drive mit den Palmen des Parks doch zu einer unvergleichlichen Szenerie, die quasi als Marke Miamis fungiert. Obwohl so nah gelegen, gewinnt man dort gleich etwas Abstand vom Getriebe der Prachtstraße und kann den Anblick stressfrei genießen, vielleicht mit einem Coffee to go.

Auf der Atlantikseite schlängelt sich ein gepflasterter Boardwalk zwischen Grünstreifen und Sandstrand, auf dem neben Flaneuren auch Jogger, Skater und Fahrradfahrer unterwegs sind. Erinnern soll das an die vom Landschaftsarchitekten Roberto Burle Marx ähnlich gestaltete Promenade am Strand von Copacabana bei Rio de Janeiro. So greift die Metropole auch dort wieder lateinamerikanische Einflüsse auf und schlägt eine imaginäre Brücke zwischen Nord und Süd.

TIPP

Am Nordende gibt es einen Starbucks mit schöner Terrasse.

Verbindungen geschaffen werden auch auf andere Weise, nämlich über den Sport. In den Open-Air-Workout-Bereichen ist jeder willkommen und darf kostenlos an einem der Geräte trainieren, so dass dort Ältere neben Jungen, Fortgeschrittene neben Anfängern, Touristen neben Einheimischen in die Pedale treten oder Gewichte stemmen. Es ist quasi Miamis Antwort auf den noch berühmteren Muscle Beach in Venice an der Westküste.

Ganz in der Nähe laden mehrere Felder ein, Volleyballkenntnisse aufzufrischen oder gleich gegen ein lokales Team anzutreten. Wer sich besonders fit fühlt und zur richtigen Zeit da ist, kann sich für den im Lummus Park als Ausgangsort angesiedelten Nautica South Beach Triathlon anmelden – dann gilt es, 1,5 Kilometer im Ozean zu schwimmen, 40 Kilometer auf dem Fahrrad zurückzulegen und einen Zehn-Kilometer-Lauf zu absolvieren. Um sich danach unter Palmen zu erholen.

● Lummus Park, 1130 Ocean Drive, Miami Beach, FL 33139

Von Hengsten und Flamingos

24

Glücksuche im Hialeah Racing Park & Casino

Wer an Miami denkt, dem kommen zuerst der Ocean Drive und danach bald Flamingos in den Sinn. Wobei Ersterer in Miami Beach liegt und die eleganten Vögel in Hialeah beheimatet sind, einer kleinen Stadt ein paar Meilen nördlich der Metropole. Genauer gesagt im Hialeah Park, zu dem eine legendäre Pferderennbahn und ein Casino gehören.
Unweit der Rennstrecke leben hunderte Flamingos, bekommen quasi als Zaungäste regelmäßig ein Spektakel geboten. Angesiedelt wurden sie vom Multimillionär Joseph Widener bereits in den 1930er-Jahren, um der von ihm gekauften Rennbahn eine exotische Note zu verleihen. Das Vorhaben gelang, die Flamingos entwickelten sich zum Markenzeichen des Parks und trugen mit dazu bei, dass der Rundkurs lange Zeit als einer der schönsten weltweit galt – Grund genug, die rosafarbenen Tiere 1960 mit einem Brunnen auf dem Gelände zu würdigen.
Bis heute hat sich die Anlage die Grandezza früherer Tage erhalten. Architekten ließen sich aus dem Kosmos des Rennsports inspirieren, so dass Elemente wie Treppen, Terrassen und Balustraden an Bauwerke in Ascot, Deauville, Longchamps und Monte Carlo erinnern. Das Bürogebäude ist im Stil eines französischen Châteaus gehalten, unweit davon steht die imposante Statue des legendären Rennpferds Citation inmitten eines Brunnens. So lässt sich wunderbar über das Gelände flanieren und die üppige Vegetation genießen.
Wer will, kann zudem etwas Las Vegas-Luft schnuppern. Das im Jahr 2014 auf dem Gelände eröffnete Casino bietet hunderte Glücksspielautomaten, dazu mehrere Pokertische, an denen man sein Glück herausfordern kann. Ruht der Rennbetrieb, ist es vor allem das Casino, das Besucher aus Miami und dem weiteren Umland anzieht.
Dabei reicht es, am Flamingo-Brunnen zu sitzen und von den glorreichen Tagen der imposanten Anlage zu träumen, als der Vollbluthengst Seabiscuit 1935 sein Debüt gab oder Citation 1948 die „Flamingo Stakes“ gewann und zu einem Mythos wurde. Das Glück in Hialeah hat viele Namen.

TIPP

Vorher online informieren, um an den Wochenenden ein Pferderennen mitzuerleben.

● Hialeah Racing Park & Casino, 100 E 32nd Street, Hialeah, FL 33013, Tel. +1 305 8 85 80 00, www.hialeahparkcasino.com

Abstecher nach Kuba

25 Im Domino Park in Little Havana

Wenn es auf Kuba einen Volkssport gibt, dann ist es das Domino-Spiel. Klar, dass die Exilanten ihre liebste Freizeitbeschäftigung pflegen, so oft es geht. Selbstverständlich gilt das auch für Little Havana, der berühmten kubanischen Enklave mitten in Miami. Dort treffen sich die Einheimischen täglich im Máximo Gómez Park, besser bekannt als Domino Park, um an mehreren Tischen ihre Spielsteine zu legen und ihre Gegner auszutricksen. Mitmachen dürfen in dem kleinen, schattigen Areal nur die Mitglieder des Máximo Gómez Domino Club, zuschauen aber ist erlaubt. Unbeeindruckt vom Rummel um sich herum, brüten die meist schon betagteren Spielerinnen und Spieler – zugelassen im Club ist nur, wer 50 Jahre und älter ist – über der besten Strategie. Entspannt wirkt das und trotz des touristischen Interesses authentisch, weil Domino keinen großen Aufwand verlangt und soziale Unterschiede nivelliert. Am Spieltisch sind alle gleich, und das gilt in Little Havana genauso wie im großen Vorbild.

TIPP
Unbedingt ein leckeres Sandwich im nahe gelegenen Lokal Sanguich de Miami probieren.

Das Zusammengehörigkeitsgefühl beschwören will auch der dominikanische Künstler Oscar Thomas, dessen imposantes Wandgemälde die Kulisse bildet für den Park – es zeigt die Präsidenten aller amerikanischen Nationen, die am ersten Amerika-Gipfel 1994 in Miami teilnahmen.

Vom Park aus lässt es sich wunderbar über die Calle Ocho flanieren, dem Zentrum von Little Havana. Vorbei an kubanischen Restaurants, die für Eilige in Glasvitrinen zur Straße hin köstliche Empanadas, Croquetas und Pastelitos verkaufen und die Gäste an den Tischen mit Livemusik verwöhnen. Vorbei auch an Zigarren-Manufakturen und Obstständen, die so aussehen, als seien sie aus Havanna direkt in die floridianische Metropole gerollt. Vorbei an bunten Hahn-Skulpturen, die eine Brücke schlagen sollen zum ländlichen Leben in Lateinamerika, aber auch zu den beliebten Hahnenkämpfen. Und vorbei an zahllosen Bars, die mit Salsa- und Rumba-Klängen die Calle Ocho beschallen und damit den Rhythmus dieses exotischen Viertels prägen.

● Domino Park, 1444 SW 8th Street, Miami, FL 33135

ROHIBITED
• OBSCENE WORDS AND VIOLENT BEHAVIORS
• TO CARRY FIREARMS OR WEAPONS
VIOLATORS OF THESE RULES
WILL BE SUBJECT TO SUSPENSION
LENGTH OF SUSPENSION WILL BE DETERMINED BY
PARK MANAGEMENT

Natur mit Geschichte

26 Im Bill Baggs Cape Florida State Park

Weit schweift der Blick aus rund 30 Metern Höhe: Auf der einen Seite blickt man über die Biscayne Bay hinweg bis zur Skyline von Miami, auf der anderen Seite über den tiefblauen Atlantik Richtung Florida Keys. Key Largo, die erste Insel der Kette, ist bereits zu erkennen – ein erhebendes Gefühl. Der Aufstieg auf den 1825 erbauten Leuchtturm an der Spitze von Key Biscayne lohnt sich. 109 Stufen geht es über eine gusseiserne Wendeltreppe hinauf. Oben angekommen, sollte man schon etwas schwindelfrei sein, denn der Rundumbalkon ist schmal: Keine zwei Menschen passen aneinander vorbei.

Der weiße Leuchtturm ist das Wahrzeichen des Bill Baggs Cape Florida State Park. Er ist ein Juwel am Wasser mit fast fünf Kilometern Küstenlinie, davon fast die Hälfte als naturbelassener Strand. Die vielen Palmen – eine Allee führt malerisch zum Leuchtturm – sind Überreste einer Plantage, die einst Key Biscayne prägte.

Es verwundert also nicht, dass der Park so beliebt ist, vor allem an den Wochenenden tummeln sich dort Scharen von Besuchern. Neben den Stränden locken schattige Wiesen mit überdachten Sitzplätzen – ideal für ein Picknick. Fahrradwege führen durch die Mangroven.

Diese Südspitze von Key Biscayne besitzt eine bewegte Geschichte. Das Cape of Florida, wie der spanische Entdecker Ponce de Leon es 1513 nannte, diente lange als Fluchtroute für Sklaven, die per Schiff auf die Bahamas entkommen wollten. Deshalb war das Kap auch Teil der Underground Railroad, einem geheimen Netzwerk, das Sklaven zur Flucht verhalf. Diese und weitere spannende Geschichten erfährt man auf einer Tour durch das historische Wohnhaus des Leuchtturmwärters, das heute ein kleines Museum beherbergt.

Vogelfreunde kommen in dem Park ebenfalls auf ihre Kosten. 260 Arten, die die grüne Inselspitze als Brutort benutzen, sollen dort zu sehen sein. Natur und Geschichte gehen an diesem Ort eine wunderbare Liaison ein. Er atmet Weite und Freiheit – und das nur ein paar Fahrminuten von Downtown entfernt.

TIPP

Öffnungszeiten des Leuchtturms vor dem Besuch checken, da er nicht täglich geöffnet ist.

● Bill Baggs Cape Florida State Park, 1200 Crandon Boulevard, Key Biscayne, FL 33149

Dinner mit Akrobatik

27

Asian Bazaar Night im Jaya in Miami Beach

Um auf der Gewinnerseite zu stehen, lohnt es sich, einen Abend im Restaurant Jaya im noblen Hotel The Setai in Miami Beach zu verbringen. Nicht nur, weil Jaya im Sanskrit „Sieg" bedeutet, sondern weil das weitläufige Lokal wie aus Tausendundeiner Nacht zu stammen scheint. Um eine riesige Wasserfläche im Zentrum des nach oben halboffenen Raums herum drapieren sich die Tische und Sitzecken, mit Lichterketten geschmückte Palmen verstärken den Eindruck, unter freiem Himmel an einem stillen Gewässer zu sitzen. Trotz seiner enormen Ausmaße vermittelt das gesamte Arrangement eine intime Atmosphäre, perfekt für ein romantisches Dinner.

Die Küche verarbeitet Einflüsse aus Thailand, Vietnam, Indien, China und Japan zu neuen Kreationen, greift dabei aber auch auf althergebrachte kulinarische Techniken zurück. So wurde eigens ein Tandoor-Ofen installiert, um möglichst authentische indische Gerichte präsentieren zu können.

Vollends exotisch wird es, wenn das Jaya zur Asian Bazaar Night lädt und die Speisen aus dem fernen Osten mit akrobatischen Einlagen garniert werden. Mehrere Artistinnen zeigen auf Plattformen im Wasser ihre kühnen Künste, verknoten anmutig ihre Glieder, trotzen an Tüchern und Seilen der Schwerkraft, ihre athletischen Körper stets unter totaler Kontrolle, oder wirbeln brennende Stäbe wie entflammte Rotoren durch die Luft. Alles das schafft eigentümliche Momente, fast eine Aura des Unwirklichen, weil so entrückt vom normalen Treiben der Metropole.

Erst ein Weg zur Toilette vorbei an der perlmuttbesetzten Bar und dort feiernden Gästen holt einen zurück ins Hier und Jetzt. Oder ein Spaziergang zum Strand des Setai Hotels, vorbei an den gestaffelten Pools und am Grillrestaurant, um sich von einer Seebrise den Kopf durchlüften zu lassen. So verlässt man das Jaya in dem Bewusstsein, dass es auch Glück sein kann, solche Bilder für sich mitzunehmen – auf jeden Fall aber ein Gewinn.

TIPP

Einen Tisch an den Kopfseiten des Beckens reservieren, nah an den Bühnen.

● Jaya, 2001 Collins Avenue, Miami Beach, FL 33139, Tel. +1 855 9 23 78 99
www.thesetaihotel.com/miami-beach-restaurants/jaya

Wilde Natur ganz stadtnah

28

Oleta River State Park in North Miami Beach

Der Oleta River windet sich durch dichte Wälder und Mangroven. Der Fluss gibt diesem größten Stadtpark Floridas seinen Namen. Im Oleta River State Park relaxen am Wochenende die Einheimischen – und das nur 30 Minuten von Downtown Miami entfernt. Direkt am Sunny Isles Boulevard gelegen, der von North Miami über eine Brücke auf die Inselgruppe Sunny Isles am Atlantik führt, kann man kaum glauben, dass sich hier ein Naturidyll verbirgt. Doch hat man das Ranger-Häuschen erst einmal passiert, taucht man ein in die Ruhe dieses geschützten Reservats zwischen Oleta River und der Biscayne Bay.

Schon immer hat diese Flusslandschaft die Menschen magisch angezogen. Die Schönheit und die gute Lage des Oleta River sorgten dafür, dass sich bereits 500 v. Chr. Indigene der Tequesta dort ansiedelten. An der Mündung des Flusses gab es reichlich Nahrung, auch für wilde Tiere wie Bären, Rotwild, Panther und Luchse, die dort einst lebten. Der ursprüngliche Name Big Snake Creek wurde erst 1922 in Oleta River umbenannt. Der Fluss dient zudem als wichtige Verbindung zwischen den Everglades und der Biscayne Bay.

TIPP

Kajaks oder Fahrräder kann man im Park mieten.

Auch wenn heute dort keine Bären und anderen wilden Tiere mehr herumschleichen, die Alligatoren haben den Fluss noch nicht aufgegeben. Schilder warnen vor ihnen. Vor allem, wer in den Mangroven mit Kajaks paddeln geht, was sehr beliebt ist, sollte immer wachsam sein. Auch Delfine und Seekühe lassen sich vom Boot aus mit etwas Glück beobachten. Fahrradfahrer finden dort mehr als 20 Kilometer Radwege, die sich durch die Wälder hindurchwinden und immer wieder herrliche Einblicke in kleine Buchten rund um die Lagune geben.

Nicht nur Fahrrad- und Kajak-Fahrer können sich an der subtropischen Vegetation erfreuen. Die naturbelassenen Strände an der Lagune ziehen die Städter in Scharen an. In der perfekt geschwungenen Bucht lässt es sich bestens baden und planschen, zumal das Wasser flach ist und sich somit gut für Kinder eignet – ideal für unbeschwerte Stunden.

● Oleta River State Park, 3400 NE 163rd Street, North Miami Beach, FL 33160
www.floridastateparks.org/OletaRiver

OCEAN KAYAK
OCEAN KAYAK
OCEAN KAYAK
malibu

Mode, Marken, Möbel

29 Flanieren im Miami Design District

In Miami ist ausgefallenes Design allgegenwärtig. Nur folgerichtig also, dass es hier auch einen Design District geben musste. Und so entstand er Anfang der 2000er-Jahre, indem ein schlauer Investor heruntergewirtschaftete Gebäude kaufte, sie herrichtete und sie an Designer und andere Kreative vermietete. Heute ist der Design District, zwischen Wynwood und Little Haiti gelegen, ein großer Anziehungspunkt nicht nur für Touristen, sondern auch ein luxuriöses Einkaufs- und Lifestyle-Viertel voller Design- und Architekturhighlights. Kunst geht hier mit Kommerz eine wundervolle Liaison ein.

Das Viertel beherbergt Kunstgalerien, Design- und Möbel-Ausstellungsräume, Kreativ- und Architekturbüros, Luxusmodegeschäfte, Antiquitätenhändler, Restaurants und Bars. Prominente Architekten aus aller Welt schufen hier Flagship-Stores für Marken wie Chanel, Dior, Fendi, Hermès und Louis Vuitton. Hier lässt es sich herrlich flanieren und ausgefallene Fassaden und Schaufenster begutachten. Alles ist hell, chic und einladend gestaltet. Kein Wunder, dass hier auch einige von Miamis Sterneköchen ihre Restaurants angesiedelt haben.

Besonders gelungen sind die Innenhöfe und Fußgängerzonen. Üppig begrünt bilden sie kleine Oasen, in denen man gerne auf einen Kaffee verweilt. Bunte Lampions zieren die Palmen. Kunst gibt es hier nicht nur in den Galerien und Museen zu sehen, sondern auch auf den Plätzen. Buckminster Fullers monumentale Skulptur „The Fly's Eye Dome", das dem Auge einer Fliege nachempfunden ist, ziert unübersehbar den großen Palm Court, den Palmen-Innenhof. Regelmäßig angebotene Art Walks führen zu den wichtigsten Objekten der Kunst im öffentlichen Raum. Und auch für Kinder wird hier jede Menge geboten: Klettergerüste, ausgefallene Spielplätze und zahlreiche Instagram-taugliche Motive für Influencer und solche, die es werden wollen. Jeder findet hier sein Stückchen Glück.

TIPP

Das Institute of Contemporary Art Miami und sein Skulpturenpark laden zum kostenlosen Besuch ein.

● Miami Design District, 140 NE 39th Street, Miami, FL 33137
www.miamidesigndistrict.com

GIORGIO ARMANI

Panoramablick inklusive

30

Der South Pointe Park in Miami Beach

Am südlichsten Zipfel von Miami Beach liegt etwas abseits der Wege, die man als Tourist zu Fuß erkundet, ein echtes Juwel: der South Pointe Park. Am besten mietet man sich ein Fahrrad oder benutzt einen der kostenlosen Trolley-Busse, die auf Miami Beachs Hauptachsen von Nord nach Süd regelmäßig verkehren. Denn in diesem wunderschönen Park gibt es einen der wenigen Spots in Miami Beach, von denen aus man einen der traumhaften Sonnenuntergänge sehen kann. Die Sonne versinkt hier malerisch hinter der Skyline von Downtown Miami.

Der South Pointe Park selbst bietet gepflegte Grünflächen und Palmenalleen. Bänke laden dazu ein, innezuhalten und zu beobachten. Es herrscht eine entspannte Atmosphäre, denn dort mischt sich alles: junge Sportbegeisterte, die auf den Rasenflächen ihre Übungen absolvieren, Senioren mit Rollatoren aus dem nahe gelegenen Altenheim und Hundebesitzer, die ihre Vierbeiner in dem eingezäunten Dog Park toben lassen. Wie wäre es mit einer Yoga-Session mit Blick auf den Ozean oder einer Jogging-Runde entlang der Uferpromenade? Auch mit dem Fahrrad oder Inlineskates zu fahren, bietet sich hier an.

Vor allem am späteren Nachmittag ist der Park mit seiner markanten schwarz-weißen Skulptur „Obstinate Lighthouse" von Tobias Rehberger ein beliebter Treffpunkt. Von dem deutschen Künstler stammt auch das poppig gestaltete Gitter am Pier mit dem Schriftzug „South Pointe Park". Von diesem Pier aus kann man Surfern, Kajak- und Jetskifahrern oder den Fischern beim Angeln zuschauen.

Das atemberaubende Panorama lohnt schon den Weg hierher. Von der Spitze des South Pointe Parks schweift der Blick über die Küstenlinie von South Beach, die Kreuzfahrtschiffe am Port Miami, die Skyline von Downtown Miami bis zu Fisher Island. Im Yachthafen schaukeln die Boote der Reichen und Schönen von Miami Beach. Und wenn es langsam dämmert, fangen die markanten Lichtsäulen des Parks an zu leuchten und tauchen die Palmen in unwirklich schönes Licht.

TIPP

Wer zum Sonnenuntergang einkehren will, kann dies bei Smith & Wollensky oder (legerer) bei Monty's Sunset.

● South Pointe Park, 1 Washington Avenue, Miami Beach, FL 33139

Unter dem Banyanbaum

31 Bummel über den Legion Park Farmers Market

Im Urlaub möchte man sich gerne als Einheimischer fühlen, nicht als Tourist, und eintauchen in den Alltag der Menschen, die das Glück besitzen, an diesem schönen Ort zu leben. Dazu muss man etwas abgeschiedene Plätze aufsuchen, die in den üblichen Reiseführern meist nicht verzeichnet sind. Der Legion Park mit seinem Farmers Market ist so ein Ort, klein, aber zauberhaft, mit vielen Möglichkeiten. Jeden Samstag zwischen 9 und 14 Uhr trifft sich hier die lokale Community. Man ist gleich willkommen und fühlt sich wie ein echter „Miamianer". Der Park befindet sich im Nordosten von Miami, ein schmales Grundstück, das von der Bay begrenzt und von alten Banyanbäumen gesäumt wird. Hier gibt es Wander- und Radwege sowie große Wiesen, Tennisplätze, ein Fußballfeld, Basketball Courts und einen Spielplatz. Bei Familien ist der Park besonders beliebt, denn hier kann sich jeder auf seine Weise austoben.

Der wöchentliche Bauernmarkt ist ein Highlight der Gemeinde. Jeden Samstag bauen hier rund 20 verschiedene lokale Anbieter ihre improvisierten Stände auf. Das Urban Oasis Project ist der Organisator des Marktes und bemüht sich, gesunde Lebensmittel für jedermann zugänglich zu machen. Auf dem Markt gibt es jede Menge frische, saisonale Produkte zu kaufen, die von Gärtnern aus Miami lokal angebaut werden. Der Markt bietet ebenso Produkte von Bauernhöfen, darunter Rindfleisch aus Weidehaltung, Bio-Eier, Nüsse und vieles mehr. Spezialitäten wie Käse, Marmeladen, Gelees, frisch gebackenes Brot und Gebäck sowie warme Speisen, die man direkt vor Ort verzehren kann, gehören ebenso zum Angebot. Die Händler sind sehr freundlich und aufgeschlossen und geben gerne Auskunft über ihre Produkte. Fast alles kann man an den Ständen auch probieren.

Ein Highlight ist das kostenlose Yoga, das hier samstags um 10 Uhr stattfindet. Jeder kann teilnehmen, man nimmt nur ein Tuch mit und reiht sich ein in die Yoga-Jünger, die sich unter dem riesigen Banyanbaum versammeln. Om!

TIPP

Danach den Biscayne Boulevard Richtung Norden flanieren und den Mimo District entdecken.

● Legion Park Farmers Market, 6601 Biscayne Boulevard, Miami, FL 33138

Von der Sonne geküsst

32

Das Hotel The Standard mit Lido Bayside Grill

Die Lage macht diese Terrasse zu einem echten Juwel an der Biscayne Bay. Das Hotel The Standard liegt auf Belle Isle, nur wenige Schritte vom Trubel am South Beach entfernt. Ein Großstadthotel, das sich anfühlt, als liege es auf einer tropischen Insel. Sein Garten-Restaurant, der Lido Bayside Grill, ist von zwei Seiten von Wasser umgeben. Man sitzt angenehm auf dieser Holzterrasse unter weißen Schirmen, umgeben von grünen Topfpflanzen, und kann den Blick weit schweifen lassen. Richtung Osten schaut man auf Miami Beach, Richtung Westen auf die Venetian Islands und dahinter Downtown Miami. Die Zeitschrift Esquire nennt The Standard den „magischsten Ort in South Beach". Hier kann man die Seele baumeln und es sich gutgehen lassen. Der Besucher sollte sich bei der Ankunft auf der kleinen Wohn-Insel Belle Isle nicht irritieren lassen: Der alte Schriftzug „Lido Spa Hotel" prangt noch auf der 50er-Jahre-Fassade des Hotels, das 2022 wiedereröffnet wurde. Durch die Lobby hindurch erreicht man den üppig tropischen Garten mit Hängematten, Ruhe-Palapas und Schaukelstühlen, die einladen, darin einen heißen Nachmittag zu verschlafen. Die Zimmer mit privaten Terrassen sind in ein- bis zweistöckigen Gebäuden am Rand untergebracht und schmiegen sich dezent in das Grün des Gartens ein. Das Hotel ist vor allem bekannt für seinen Spa-Bereich, in dem alte Badetraditionen ausgiebig gepflegt werden. Viele Zimmer besitzen einen eigenen Whirlpool. Gäste flanieren im weißen Bademantel durch den Garten und gönnen sich einen Schlammwickel, eine Dampfsauna oder ziehen einige Bahnen im chlorfreien Sound Pool, der mit Musik eines DJs sanft beschallt wird.

TIPP

Besser in South Beach parken und zu Fuß gehen. Parkplätze sind auf der Insel sehr begrenzt.

Auch wenn man nicht im Hotel absteigt, kann man die Annehmlichkeiten des Lido Bayside Grill genießen, der seine Küche als „von der Sonne geküsst und von der Welt inspiriert" bezeichnet. Ob ein Drink zum Sonnenuntergang oder ein Thunfisch-Tartar zum Abendessen – inklusive ist der unvergleichliche Blick aufs Meer, einfach nur herrlich!

● Lido Bayside Grill, The Standard, 40 Island Avenue, Miami Beach, FL 33139, Tel. +1 786 2 45 08 80, www.lidobayside.com

Im Kreis der Ureinwohner

33

Am Miami Circle in Brickell

Jede Stadt am Meer besitzt an ihrer langen Küstenlinie besondere, manchmal geheimnisumwehte, mindestens aber geschichtsträchtige Orte. Der Miami Circle in Brickell ist einer davon. Zwischen hochaufragenden Apartmenthäusern wälzt sich dort der Miami River träge in die Biscayne Bay und weiter in den Atlantischen Ozean. Auf der rund 2,5 Hektar großen Landzunge legten wahrscheinlich vor etwa 2000 Jahren Indigene vom Stamm der Tequesta in den Kalksteinfelsen aus 600 Pfostenformen einen perfekten Kreis an, der als Miami Circle überregionale Bekanntheit erlangte. Bietet er doch Anlass zu der Vermutung, dass an der exponierten Stelle in prähistorischer Zeit eine Siedlung errichtet wurde, noch vor anderen Ansiedlungen an der Ostküste. Sehen kann man dieses antike Artefakt zwar nicht, weil der Staat Florida es wieder unter Kalksteinschichten begraben hat, um es seiner Zerbrechlichkeit wegen vor Schaden zu bewahren. Aber immerhin kann man ihm an diesem speziellen Platz nachträumen, eine kleine Auszeit nehmen vom Getriebe des geschäftigen Stadtteils Brickell.

Ein paar Steinquader unter Schatten spendenden Bäumen unmittelbar am Ufer eignen sich wunderbar, um innezuhalten, vorbeiziehende Schiffe oder das Treiben auf der nahe gelegenen Zugbrücke zu beobachten. Alle paar Minuten schippert fast lautlos eine weiß schimmernde Jacht vorbei, früher waren es die Segelboote der Tequesta und Seminolen, die entlang des Flusses bis in die Everglades und darüber hinaus Handel trieben. Ebenfalls für das Auge unsichtbar ist das unterseeische Schutzgebiet vor der Küste, das Biscayne Bay Aquatic Preserve. Viele der Tiere dort dienten den Tequesta als Nahrung, zum Beispiel Meerforellen, Schnapper und Zackenbarsche.

Wer sich darauf einlässt, vermag an diesem Ort vielleicht einen Nachhall der Geschichte erspüren. Steht der Kreis doch für Einheit, Ganzheit und Unendlichkeit – und damit auch für eine Verbindung zwischen Vergangenheit, Gegenwart und Zukunft.

TIPP

Im nahe gelegenen Brickell Park lohnt ein uralter, imposanter Banyanbaum den Besuch.

● Miami Circle, 465 Brickell Avenue, Miami, FL 33131

Avantgarde mit Ambiente

34 Ein Besuch im Rubell Museum in Allapattah

Etwas versteckt, aber in direkter Nachbarschaft zum Museum Superblue Miami liegt im aufstrebenden Stadtteil Allapattah ein Kleinod der modernen Kunst. In den ehemaligen, von Annabelle Selldorf umgestalteten Industriehallen befindet sich seit 2019 das Rubell Museum, das eine der größten privaten Kunstsammlungen beherbergt. Der Bestand aus Werken von Künstlern wie Jean-Michel Basquiat, George Condo, Keith Haring, Jammie Holmes, Martha Jungwirth, Jeff Koons, Louise Lawler, Sterling Ruby und Kennedy Yanko wird in wechselnden Ausstellungen den Besuchern dargeboten. Hier leuchtet die Avantgarde mit ungeheurem Reichtum.

Die Werke haben in diesen schönen Hallen Licht und Platz und können ihre volle Wirkung entfalten. Überwältigend wirkt schon der Eingangsbereich mit der Installation „Narcissus Garden" aus großen silbernen Kugeln der Japanerin Yayoi Kusama, durch die man hindurchschreitet – von so viel Platz träumt jeder Künstler. Gemälde, Grafiken, Video, Skulpturen, Fotografie, Installationen – in 36 ebenerdigen Räumen entfaltet sich der ganze Glanz dieser exquisiten Kunstsammlung der Familie Rubell. Das Personal ist äußerst freundlich, beantwortet Fragen, so dass man sich als Besucher sehr willkommen fühlt.

TIPP

Das Museum besitzt eine eigene Bibliothek mit 40.000 Bänden, in der jeder recherchieren kann.

Ein weiteres Highlight dieses wunderbaren Kunstortes ist der Garten, der frei für jedermann auch ohne Museumsticket zugänglich ist. Zwischen heimischen Pflanzen wie Bambus und Stechpalmen finden sich in diesem Innenhof ganz unterschiedliche gemütliche Sitzgelegenheiten, die zu einer kleinen Rast einladen. Große Sonnenschirme sorgen für genügend Schatten unter Miamis heißer Sonne. Das beliebte, dem Museum angeschlossene Restaurant Leku mit baskischen Spezialitäten öffnet seinen Außenbereich ebenfalls zu diesem grünen Innenhof hin, so dass Kunst und Kulinarik hier eine wunderbare Liaison eingehen.

● Rubell Museum Miami, 1100 NW 23 Street, Miami, FL 33127, Tel. +1 305 573 60 90
www.rubellmuseum.org/miami

Mit 50er-Jahre-Charme

35

Zu Gast bei Andiamo Pizza in Miami Modern

Bunte Lichter laden schon von Ferne ein. Die Terrasse unter dem weit geschwungenen Dach ist ein angesagter Treffpunkt. Dort bekommt man köstlich knusprige Pizza – und das in ungewöhnlichem Ambiente. Bunte Scheinwerfer beleuchten abends die großen Bäume, die tagsüber Schatten spenden. Feuersäulen zaubern eine einladende Lichtstimmung in Miamis sagenumwobene Nächte. Nur die dicken Stahlträger und die gläserne hohe Eingangsfront erinnern noch an die frühere Nutzung dieses ungewöhnlichen Gebäudes: Dort wurden einst Autos und Lastwagen mit neuen Reifen bestückt. Von der Hebebühne ist nur noch die Aufhängung vorhanden. Das Gebäude verströmt aber noch den Charme der 1950er-Jahre.

Andiamo Pizza liegt mitten in MiMo. MiMo steht für Miami Modern und bezeichnet den aufstrebenden Stadtteil im Nordosten von Miami. Auf einer Fläche von 27 Blocks am die ganze Stadt von Nord nach Süd durchlaufenden Biscayne Boulevard erstreckt sich dieser Bezirk, der geprägt ist von der modernistischen Architektur der 1930er- bis 1960er-Jahre und damit heraussticht aus der sonst durch viele Neubauten geprägten Metropole. Ein neues Szeneviertel entsteht in dieser Upper Eastside gerade. Ein altes Motel nach dem nächsten wird renoviert und umgebaut. Die prägnanten Fassaden und Leuchtreklamen bleiben, liefern schöne Fotomotive und führen zu angesagten Locations. Neues Leben zieht in alte Industriegebäude ein.

Da passt das Andiamo bestens hinein. Die Reifenwerkstatt war eines der ersten Gebäude, das umgenutzt wurde. Seit 20 Jahren werden hier bereits Pizzateig und -brötchen statt Reifen gerollt. Im Restaurant und auf der Terrasse geht es zünftig zu: Man sitzt an Picknicktischen und -bänken oder auf Gartenstühlen, es gibt keine Tischdecken, dafür werden die Pizzen auf Etageren serviert. Die üppigen Salate isst man direkt aus großen Holzschüsseln, fast wie zuhause. Bei Familien ist das Restaurant besonders beliebt – man fühlt sich gleich wohl und gut aufgehoben.

● Andiamo Pizza, 5600 Biscayne Boulevard, Miami, FL 33137, Tel. +1 305 7 62 57 51
www.andiamopizzamiami.com

Den Horizont im Blick

36

Unterwegs auf dem Boardwalk in Miami Beach

Wenn die Luft in Miami Beach morgens frisch auf der Haut prickelt und sich der Ozean spiegelglatt bis zum Horizont erstreckt, gilt es, die Sneaker zu schnüren. Und sich einzureihen in die zu dieser Zeit noch übersichtliche Schar aus Einheimischen und Touristen, die den Tag sportlich auf einem der herrlichsten Boardwalks der Welt beginnen. Mehr als 13 Kilometer zieht sich der mittlerweile vollständig gepflasterte Weg vom südlichen South Beach über die gesamte Küstenlinie der Stadt fast hoch bis Surfside und bietet dabei spektakuläre Aus- und Einblicke, hinaus aufs Wasser auf der einen und hinein in luxuriöse Hotelanlagen auf der anderen Seite, vorbei an Parks, Cafés und den ikonischen Designhäuschen der Rettungsschwimmer. Entlang des oft palmengesäumten Weges zeigt sich, was den Ruf Miamis ausmacht – funkelndes Meer und schier endlose breite Strände vor mondäner Hochhauskulisse. Nebenbei fungiert der Boardwalk noch als Boulevard der Eitelkeiten, auf dem Miamis Einwohner ihre gut geformten Körper, ihre ausgefallensten Klamotten und hippsten Accessoires präsentieren.

TIPP

An einigen Stationen gibt es Miet-Fahrräder, mit denen sich der Boardwalk erkunden lässt.

Möglich ist der Einstieg fast überall an der Strecke von der 5th bis zur 87th Street, am leichtesten natürlich dann, wenn man in Miami Beach wohnt und nur ein paar Schritte bis zur Strandpromenade gehen muss. Wer mit dem Auto kommt, findet vor allem in South Beach mehrere Parkhäuser, von denen sich der Boardwalk in wenigen Minuten erreichen lässt.

Je weiter der Tag voranschreitet, desto mehr Menschen bevölkern zwar den Weg; angesichts der vielen Kilometer verteilen sich die Besucher aber, so dass immer genug Raum bleibt, um sich Miamis vorgelagerte Insel in seinem eigenen Tempo zu erschließen. Ob gemächlich flanierend, entspannt laufend oder noch schneller mit einem Miet-Fahrrad, muss dabei jeder selbst für sich entscheiden. Hauptsache, man bewegt sich im Gleichtakt der Stadt, spürt den Puls der City, die auf diesem Weg den Horizont mit einschließt.

● Miami Beach Boardwalk, südlichster Zugang: 500 Ocean Drive, Miami Beach, FL 33139, www.miamibeachboardwalk.com

Karossen und Gitarren

37

Walt Grace Vintage – Cars & Guitars in Wynwood

Gleichermaßen stilvoll wie elegant verbreitet ein Fiat 500 Cabriolet direkt hinter dem Eingang italienisches Dolce Vita, ein paar Meter weiter präsentiert eine verglaste Auslage feinste Backwaren. Gemessen an den Straßenkreuzern außerhalb dieser vier Wände scheint der Besuch von Walt Grace Vintage – Cars & Guitars in Wynwood in einen anderen Kontinent zu führen. Aber der Eindruck täuscht: In diesem äußerlich unscheinbaren, aber üppig dimensionierten Ladenlokal findet zusammen, was (nicht nur) amerikanische Herzen höherschlagen lässt. Alte Corvettes und frische Croissants, Cadillacs und Cappuccino, Mercedes und Madeleines. An den Wänden hängen dekorativ Dutzende Fender-, Gibson- und Rickenbacker-Gitarren.

Mit dieser ungewöhnlichen Kombination hat sich der Werbefachmann Bob Goldstein einen Jugendtraum erfüllt und seine Hobbys zum Geschäft gemacht – so erfolgreich, dass die hochglanzpolierten Schmuckstücke in seinem Showroom ständig wechseln. Dennoch geht es entspannt zu bei Cars & Guitars, lässt es sich staunend herumschlendern, ohne Verkaufsgespräche führen zu müssen.

TIPP

Einheimische behaupten, bei Cars & Guitars gebe es den besten Kaffee in ganz Wynwood.

Der Laden ist ein Anziehungspunkt für Liebhaber, zelebriert werden nicht nur PS und Performance, sondern die Schönheit von Klängen und Linien, das Leben und vor allem das Träumen. Goldstein will nicht nur seine durchaus teuren Gefährte verkaufen, er will auch Gefühle transportieren und zeigen, dass es sich lohnen kann, seinem inneren Kompass zu vertrauen. So lässt es sich dort genauso wunderbar fachsimpeln über den besten Metallic-Lack einer Corvette Stingray wie über die Vorzüge einer Fender Stratocaster. Man lernt dabei, dass Gitarren genauso teuer sein können wie Oldtimer, vor allem aber, dass viele Dinge viel mehr sind als das, was sie scheinen, wenn man sich nur lange und intensiv genug mit ihnen beschäftigt. So verlässt man diesen Ort nicht nur gut temperiert und gestärkt, sondern auch mit der Gewissheit, dass das Glück sich oft dort finden lässt, wo man es am wenigsten erwartet.

● Walt Grace Vintage – Cars & Guitars, 300 NW 26th Street, Miami, FL 33127, Tel. +1 786 4 83 81 80, www.waltgracevintage.com

Hängematte unter Palmen

38

An den Stränden von Virginia Key

Unweit des Stadtzentrums erstreckt sich zwischen Key Biscayne und dem Festland das nur rund 3,5 Quadratkilometer große Virginia Key, ein schmales Inselstück mit einigen der schönsten Strände, die Miami zu bieten hat. Erreichbar über den Rickenbacker-Damm, ist die Landzunge für die meisten Besucher nur eine kurze Episode auf dem Weg ins weitaus bekanntere Key Biscayne mit seinen kleinen Geschäften und seinem berühmten Leuchtturm. Doch Virginia Key ist weit mehr als ein schnöder Landstreifen beidseits des Highways. Zieht sich doch entlang der Südseite der Insel ein langer, lediglich wenige Meter breiter Strand, der mit feinem Sand und dank unzähliger Palmen mit ungewöhnlich viel Schatten zu punkten weiß.

Alles wirkt dort etwas familiärer als an den breiten Stränden in South Beach, zwischen manchen Bäumen spannen sich Hängematten, Katamarane werden für einen Segeltörn vorbereitet, Picknicktische laden dazu ein, den Sonntagsbrunch ans Meer zu verlegen. Vom Liegestuhl aus bietet sich ein spektakulärer Blick auf Ozean, Skyline, vorbeifahrende Schiffe sowie den Rickenbacker-Damm. Dazu erstrecken sich hinter dem Palmengürtel fast über die gesamte Länge des Strandes viele Dutzend Parkplätze, was den Besuch gleich stressfreier gestaltet.

Im Historic Virginia Key Beach Park am anderen Ende der Insel lässt sich sogar eintauchen in die Geschichte Miamis. War dieser Teil des Eilands doch in Zeiten der Rassentrennung den Afroamerikanern vorbehalten, denen es verboten war, an den anderen Stränden der Stadt ins Wasser zu gehen. Und obwohl sich Virginia Key damals nur mit dem Boot erreichen ließ, entwickelte es sich zu einem beliebten Ausflugsziel. Immer mehr Menschen zog es in das tropische Paradies, auch Einwanderer aus Kuba und der Karibik. In den 1980er-Jahren wurde der Park geschlossen und erst 2008 für die Öffentlichkeit wieder eröffnet, diesmal bewusst als interkulturelle Begegnungsstätte und um die Historie lebendig zu erhalten.

TIPP

Auf Virginia Key kann man bunte Häuschen mieten mit Grillplatz und Picknicktischen.

● Historic Virginia Key Beach Park, 4020 Virginia Beach Drive, Miami, FL 33149, Tel. +1 305 9 60 46 00, www.virginiakeybeachpark.net

Bedeutende Kunstsammlung

39

The Bass Museum of Art in Miami Beach

„Eternity now“ steht über dem Eingang des Bass Museums. Die Installation der Schweizer Künstlerin Silvie Fleury an der Art-déco-Fassade fordert Unendlichkeit und erinnert gleichzeitig an die eigene Vergänglichkeit – ausgerechnet hier, im Herzen von Miami Beach, einem Ort, wo das Leben Tag und Nacht ausgelassen gefeiert wird. Die Installation, deren blaue Neonschrift mit der am Ocean Drive korrespondiert, ist eines von zehn Kunstwerken, die sich im Collins Park rund um das Museum versammeln und jederzeit zu einem entdeckungsreichen Spaziergang einladen.

Die Skulpturen im Park gehören zur beeindruckenden Sammlung des Bass Museums, das auf das österreichische Sammlerpaar John Bass und Johanna Redlich zurückgeht. 1964 wurde es als städtisches Museum eröffnet. Auch wenn es heute eher für zeitgenössische Kunst bekannt ist, beinhaltet die Sammlung Gemälde und Skulpturen vom 15. Jahrhundert bis heute. Das Bass Museum konzentriert sich auf Ausstellungen internationaler zeitgenössischer Kunst und präsentiert meist etablierte Künstler, die den Geist und den internationalen Charakter von Miami Beach widerspiegeln sollen. Hier gibt es stets etwas Aufregendes zu sehen, denn die Ausstellungsmacher beziehen spannende Aspekte von Design, Mode und Architektur in das Programm mit ein.

TIPP

Freier Eintritt an jedem dritten Donnerstag im Monat von 18 bis 21 Uhr.

Schon die atemberaubende Architektur des Bass Museums beeindruckt. Das historische Gebäude, ursprünglich von Russell Pancoast in den 1930er-Jahren entworfen, wurde von 2015 bis 2017 wunderschön restauriert und erweitert, um einen modernen, lichtdurchfluteten Raum zu schaffen, der die Kunst im Inneren perfekt zur Geltung bringt. Wer die Galerien des Museums erkundet, wird beeindruckt von hohen Decken und dem natürlichen Licht, das die Räume durchdringt und die kostbare Kunst in bestes Licht rückt.

The Bass Museum of Art, 2100 Collins Avenue, Miami Beach, FL 33139,
Tel. +1 305 6 73 75 30, www.thebass.org

Shopping am Wasser

40 Das Einkaufsparadies Bayside Marketplace

Einkaufen direkt am Wasser – das kann man am Bayside Marketplace bestens und das schon seit mehr als 35 Jahren. Die Lage dieser tropischen Shopping Mall ist einmalig, sie liegt um einen kleinen Hafen herum und gleichzeitig an einem großen Park, dem Bayfront Park mit schönen alten Banyanbäumen. Am Hafen starten allerlei Sightseeing-Bootstouren, etwa zur Millionaire's Row, und auch die Thriller-Speedboote, die in atemberaubendem Tempo das Meer durchkreuzen, fahren hier ab. Gerade wurde Pier 5 renoviert mit schöner Terrasse und Palmen mit Blick auf den Hafen. Hier gibt es an den Wochenenden oft Livemusik, und man kann mit einem Drink in der Hand das Bootstreiben beobachten.

Lichtdurchflutet und immer mit einer angenehmen Brise lässt es sich in der zweistöckigen offenen Shopping Mall einkaufen. Neben den großen Bekleidungsmarken findet sich dort auch jede Art von Souvenirs, was das Bayside Marketplace besonders bei Touristen beliebt macht. Flaggen aller möglichen Nationen flattern hier im Wind, auf den Fluren mischen sich die Sprachen. Hier fühlt sich der Kosmopolit gleich wohl.

Neben dem Einkaufen zieht es auch viele hierhin, um eine der Bars oder Restaurants zu besuchen. Kein Wunder, man hat eine herrliche Aussicht auf den Hafen und blickt zugleich auf die immer weiter wachsende Skyline von Miami. Von leger bis chic, von Italienisch bis Mexikanisch gibt es hier für jeden das passende Angebot – und reichlich Plätze zur Auswahl. Auch das Hard Rock Café – unschwer zu erkennen an der riesigen Gitarre auf dem Dach – lockt mit einer Terrasse direkt am Wasser.

Wer noch mehr Aussicht will, dem sei eine Fahrt mit Sky Views Miami empfohlen, der neuen Attraktion am Bayside Marketplace. Das Riesenrad mit einer stattlichen Höhe von mehr als 50 Metern überragt das ganze Areal und bietet vor allem zur Dämmerung einen atemberaubenden Blick auf die beleuchtete Skyline von Downtown bis nach South Beach. Ein wahrer Gänsehautmoment!

TIPP

Mit dem nahen kostenlosen Metromover Downtown erkunden (ab College Bayside Station).

● Bayside Marketplace, 401 Biscayne Boulevard, FL 33132, Tel. +1 305 5 77 33 44
www.baysidemarketplace.com

Palmen bis zum Wasser

41 Strandtag im Crandon Park auf Key Biscayne

Palmen, die sich fast im Wasser wiegen, feiner, weißer Sand und sanfte Wellen. Das alles lässt sich nicht nur in Werbespots erleben, sondern auch im echten Leben – zum Beispiel im Crandon Park auf Key Biscayne. Park wie Strand zählen zu den beliebtesten Orten unter denjenigen, die gerne fern vom oft trubeligen Miami Beach am Meer entspannen.

Schon der Weg von den gigantischen Parkplätzen bis zum Wasser versetzt in die richtige Urlaubsstimmung, geht es doch durch einen nicht enden wollenden Palmenwald. Der Industrielle William Matheson betrieb dort in den ersten Jahrzehnten des 20. Jahrhunderts eine der größten Kokosnuss-Plantagen des Landes, schenkte das 800 Hektar große Areal aber dem County, um dort ein Ausflugsziel zu erschaffen. Helfen sollte dabei ein 1947 auf dem Gelände errichteter Zoo, der aber 1981 ins südliche Miami umgesiedelt wurde. So gehört Crandon Park heute alleine den Tausenden von Ausflüglern, die dort einen Tag in malerischer Kulisse verbringen wollen.

Trotz seiner Popularität findet aber jeder Erholungsuchende ein stilles Plätzchen und dazu, falls gewünscht, ein breites Angebot an buchbaren Aktivitäten. Wer mag, kann mit dem Kajak entlang der Küste paddeln, mit dem Rad verwunschene Wege durch die Mangroven erkunden, auf dem benachbarten Platz eine Runde Golf spielen oder im Marjory Stoneman Douglas Biscayne Nature Center die Meeresflora und -fauna erforschen.

Während der nördliche Teil des Strandes wegen der etwas höheren Wellen mehr für Surfer geeignet ist, fühlen sich im Süden mit seiner ruhigen See eher Familien wohl. Schatten bietet sich dank der unzähligen Palmen die gesamte Küstenlinie entlang, Picknicktische und Grillplätze laden dazu ein, den Sonntagsbrunch gleich vor Ort selbst zuzubereiten. Selbst für Luxusliebhaber ist gesorgt – sie können sich rund 100 Quadratmeter große Cabanas mit eigener Dusche und Parkplatz mieten. Das Glück gibt es im Crandon Park allerdings überall und umsonst.

TIPP

Lieber wochentags kommen, am Wochenende sind die Strände sehr voll.

● Crandon Park, 747 Crandon Boulevard, Key Biscayne, FL 33149

Architektonisches Juwel

42 Zeitreise im Merrick House in Coral Gables

Inmitten des üppigen Grüns und der vielen Villen von Coral Gables liegt das beeindruckende Merrick House. Dieses geschichtsträchtige architektonische Schmuckstück ist ein Zeugnis für das reiche Erbe des Sunshine State. Mit seinem schön gepflegten Garten ist es eines der Wahrzeichen des National Register of Historic Places und kann an den Wochenenden besichtigt werden.

Dort reist man in die Vergangenheit und lässt sich in die Zeit der Goldenen Zwanziger versetzen. Das Haus mit dem weit ausladenden Dach liegt inmitten eines wunderbar gepflegten Gartens, der eine tolle Kulisse für Fotos bietet. Wenig überraschend, dass das Merrick House regelmäßig für Hochzeiten und andere Feiern gebucht wird. Außerdem dient es als Kulturzentrum und bietet eine Vielzahl von Veranstaltungen, Ausstellungen und Bildungsprogrammen. Bei einer Führung lassen sich 14 Zimmer und das 1,3 Hektar große Gelände mit zwei Seerosenteichen, in denen zehn Fischarten leben, besichtigen sowie eine historische Grotte erkunden. Die weitläufige, umlaufende Veranda mit den weißen Säulen lässt Südstaaten-Träume wahr werden.

Benannt wurde das Haus nach seinem früheren Besitzer George E. Merrick (1886–1942), Gründer und Entwickler der Stadt Coral Gables. Der Bau des heutigen historischen Wahrzeichens begann 1903 durch Merricks Eltern, 1910 wurde es erweitert. Das Haus wurde im Stil der 1920er-Jahre restauriert und ist mit Kunst, Möbeln und persönlichen Schätzen der Familie Merrick gefüllt. 60 Prozent der Einrichtung ist original und stammt noch von der Familie selbst. Jeder Raum im Merrick House erzählt eine eigene Geschichte vom Leben und der Vision seines Schöpfers George Merrick: vom eleganten Wohnzimmer mit seinem majestätischen Kamin bis zur gemütlichen Bibliothek, die dazu einlädt, darin zu schmökern. Die Merricks waren eine sehr kunstbeflissene Familie: Viele der Bilder an den Wänden sind selbst gemalt. Sie zeugen von den glücklichen Stunden, die dieser Ort beschert.

● Merrick House, 907 Coral Way, Coral Gables, FL 33134, Tel. +1 305 7 74 01 55

Kulinarische Weltreise

43 Auf dem Smorgasburg Food Market in Wynwood

Einmal um die ganze Welt – zumindest kulinarisch ist das in Miami immer möglich. Wer aber nicht kreuz und quer durch die Stadt fahren will, der ist beim Smorgasburg Food Market genau richtig. Der hippe Pop-up-Lebensmittelmarkt öffnet an den Wochenenden ab 13 Uhr auf einer Brachfläche mitten in Wynwood. Mehr als 60 Stände sorgen für eine Abwechslung, die man selten so auf einem Fleck geboten bekommt. Vom Sushi Sandwich über Peruvian Ceviche bis zu sizilianischen Arancini – kein Schlemmer-Wunsch bleibt unerfüllt. Auch Fleischliebhaber finden reichlich Auswahl: Vom Filipino BBQ über Pulled Oxtail Sandwich bis zur spanischen Chorizo reicht das Angebot dieses nach eigenen Angaben „größten wöchentlichen Food-Market in Amerika". Als Nachtisch bietet sich ein Eisbecher mit exotischen Früchten, ein libanesischer Joghurt oder ein kunstvoll gestalteter Donut an. Dazu ein kühles Ché Brau oder eine Cactus Lemonade, man kann herrlich ausprobieren, was einem am besten schmeckt.

Die Erfolgsgeschichte vom Smorgasburg Food Market begann allerdings nicht in Miami, sondern in Brooklyn. 2011 eröffnete in New York der erste Markt, auf dem lokale Einzelhändler am Wochenende ihre Speisen vertreiben, meist aus einem Zelt oder Foodtruck heraus. „The Woodstock of Eating" nannte die New York Times dieses Spektakel, das Ableger in anderen Großstädten gründete. Selbst in Miami gibt es schon einen zweiten Standort: Immer freitagabends stehen die Händler an der Lincoln Road in Miami Beach.

Das Konzept ist immer gleich: Zelte oder Stände, in denen gekocht und gebrutzelt wird, relaxte Atmosphäre und jede Menge Platz an großen Picknicktischen. Dort finden Menschen, die kulinarisch etwas Neues ausprobieren möchten, zusammen. Dazu spielt Musik aus Los Félix Record Bar, einer Bar in einem Übersee-Container, wo ein DJ Vinylplatten auflegt – so verbringt man den perfekten Sonnenuntergang mitten in der Stadt, einmal ganz ohne Palmen und Meer.

TIPP

Wer es noch exotischer mag, kann im nahen Bakan Restaurant aus Insekten hergestellte Salsa probieren.

● Smorgasburg Food Market, 2600 NW 2nd Avenue, Miami, FL 33127
www.smorgasburgmiami.com

OPEN 24/7
NO SLEEP

Oase in der City

44 CocoWalk und Peacock Park in Coconut Grove

Ein Spaziergang durch die Wohnstraßen von Coconut Grove ersetzt beinahe den Besuch in einem Botanischen Garten, so üppig grün mit großem Baumbestand präsentiert sich das Viertel. Frei lebende Pfauen stolzieren durch die Gärten und über die Gehwege, viele Anwohner halten sich Hühner neben den meist großzügig dimensionierten Pools. Logisch, dass bei so viel Naturverbundenheit der zumeist vermögenderen Bewohner auch das Einkaufszentrum CocoWalk im Herzen des Ortsteils nicht zurückstehen darf. So finden die Kunden der schicken Anlage Schatten unter Palmen, können dort in einem der Restaurants frühstücken oder ein Getränk genießen. Etliche reich bepflanzte Kübel sorgen zudem dafür, dass CocoWalk nicht nur als Shopping-Ziel, sondern auch als grüne Oase in der City gilt.

TIPP

Am Ufer des Peacock Parks lassen sich Stand-up-Paddle-Boards mieten.

Das war nicht immer so. Ursprünglich war die 1990 eröffnete Mall architektonisch verspielter und verschnörkelter, wollte stilistisch mit den Art-déco-Bauten des Ocean Drive konkurrieren. Als die Besucher ausblieben und der Niedergang drohte, übernahmen neue Besitzer den Komplex und bauten ihn um, verliehen ihm den offenen Charakter von heute. So bildet der CocoWalk nicht nur räumlich den Mittelpunkt der Innenstadt von Coconut Grove, dort schlägt auch das Herz dieses sympathischen Viertels.

Wen es noch mehr ins Grüne zieht, der wird nur wenige hundert Meter vom CocoWalk entfernt fündig, im Peacock Park. Dort treffen sich am Wochenende Familien mit Kindern, picknicken oder freuen sich einfach über die großen Wiesen, die viele Sportmöglichkeiten bieten. Auf dem Gelände stand Ende des 19. Jahrhunderts das erste Hotel in der Region, das Bay View Inn. Nach den lokalpolitisch aktiven Eigentümern Charles und Isabella Peacock wurde der fast zehn Hektar große Park 1973 benannt. Er zieht sich bis hinunter an die Bay, wo es ein hölzerner Steg ermöglicht, den Booten und Schiffen zuzusehen oder eine Angel auszuwerfen. Die man vielleicht kurz zuvor in einem der Geschäfte des CocoWalk erstanden hat.

● CocoWalk, 3015 Grand Avenue, Coconut Grove, FL 33133, Tel. +1 305 4 44 07 77
www.cocowalk.com

COCOWALK
SUSHI

Zeitreise im Musikzimmer

45

Das Kimpton Surfcomber Hotel in South Beach

Oft sind es die kleinen Dinge und vermeintlich unscheinbaren Situationen, die das Potenzial besitzen, glücklich machen zu können. Ein freundliches Lächeln, ein lange vergessener Geruch, ein melancholisches Lieblingslied. Das meiste davon begegnet einem unerwartet, was das Erlebnis noch verstärkt. Manchmal aber gibt es Konstellationen oder liebevoll gestaltete Orte, die besonders dazu geschaffen sind, Glücksmomente zu erzeugen.

Die kleine Musiknische im Foyer des Kimpton Surfcomber Hotels in South Beach ist so ein Ort, der schnell übersehen wird, aber seine ganz eigene Magie besitzt. Weil er die Besucher mitnimmt auf eine Zeitreise, sie in die Vergangenheit entführt. Nur zwei altmodische Sessel sind dafür nötig, ein Retro-Plattenspieler auf hölzernen Füßen und ein Tisch mit einem Plattengestell, das mehrere Dutzend Vinylalben enthält, die Cover allesamt abgegriffen und die Interpreten aus allen Stilen wild zusammengewürfelt. Obwohl vis-à-vis zur Rezeption gelegen, fühlt man sich dort sofort in einer anderen Welt, weit entfernt vom Gewusel des Hotelbetriebs. Vor allem dann, wenn die ausgewählte Musik leise erklingt und einen vollends abschottet vom Kommen und Gehen um einen herum.

TIPP

Die hoteleigene Beach Bar am Boardwalk bietet Hängematten zum Relaxen.

Zwei bodentiefe Fenster öffnen den Blick in den tropischen Garten des Hotels, durch den es weiter zum Pool und daran vorbei direkt zum Strand geht. Alles wirkt angenehm nostalgisch, atmet den Geist einer anderen, stilbewussten Epoche, die Miami weltberühmt gemacht hat. Auch das Kimpton Surfcomber zählt zu den Art-déco-Bauten, die eine gewisse Grandezza und zeitlosen Charme auszeichnen.

Legt man das passende Lounge-Jazz-Album dazu auf, lehnt sich im Sessel zurück und kneift die Augen etwas zusammen, flanieren die Männer bald in weit geschnittenen Leinen-Anzügen und die Frauen in knielangen Kleidern mit fließenden Stoffen an einem vorbei. So versinkt man schnell in süßen Tagträumen, hocherfreut darüber, ein solch retroseliges Refugium zuzulassen.

● Kimpton Surfcomber Hotel, 1717 Collins Avenue, Miami Beach, FL 33139
www.surfcomber.com

Bummeln unter Bäumen

46

Die Giralda Plaza in Coral Gables

Wer ein wenig europäisches Lebensgefühl sucht, kommt in Coral Gables voll auf seine Kosten. Dort hat sich quasi als kleiner Ableger der Lincoln Road Mall in Miami Beach seit einigen Jahren die Giralda Plaza etabliert, eine kleine, im direkten Vergleich fast unprätentiöse Fußgängerzone mit Shops, Restaurants und Bars. Vor allem abends erwacht die sehr entspannte Ausgehmeile zum Leben und lockt hunderte Besucher, die dort an den unzähligen Terrassentischen gesellig speisen oder sich einen Drink gönnen.

Mehr als 20 Lokale erschweren einerseits die Wahl, bieten aber auf der anderen Seite so viele Alternativen, dass für jeden Geschmack etwas dabei sein sollte. Ob vietnamesische oder chinesische Küche, italienische oder kubanische, amerikanische oder mexikanische, auf der Giralda Plaza bleibt kein Hunger ungestillt. Dabei richtet sich das Angebot sowohl an Menschen mit gehobenen Ansprüchen, vermag aber auch diejenigen zufriedenzustellen, die einen normalen Standard bevorzugen. So kann man gemeinsam unter lichtergeschmückten Bäumen essen und den Tag allmählich ausklingen lassen, im Herzen der Stadt und doch fern des üblichen Grundrauschens.

Die Giralda Plaza ist ein perfektes Beispiel dafür, wie intelligente Planung innerstädtische Begegnungsräume schaffen und ein Viertel komplett verwandeln kann. War die Giralda Avenue doch früher eine zweispurige Straße, an der sich zwar einige Restaurants und Geschäfte angesiedelt hatten, die aber mit ihren schmalen Bürgersteigen nicht attraktiv genug gewesen ist, um sich zu einem dauerhaften Anziehungspunkt zu entwickeln. Immer wieder mussten Lokale schließen. Erst der fünf Millionen Dollar teure Umbau zur Fußgängerzone brachte die Wende. Die einst eher unscheinbare Straße verwandelte sich in einen beliebten Treffpunkt. Heute ist die Giralda Plaza nicht nur Restaurant-Hotspot, sondern eine lebendige Begegnungsstätte, die immer wieder mit kulturellen Veranstaltungen zu glänzen weiß. Einfach mal vorbeischauen!

TIPP

Am südlichen Ende lohnt sich der Besuch eines italienischen Delikatessengeschäfts.

● Giralda Plaza, 100 Block, Giralda Avenue, Coral Gables, FL 33134

Entspannen mit Stil

47 Im Nikki Beach Club in South Beach

Weiß ist die Farbe der Wahl im Nikki Beach Club: Ob die Auflagen der Liegen und Sofas, Sonnenschirme und Stuhlbezüge, ob Kissen oder Markisen, alles leuchtet in strahlend reinem Weiß. Diese stilistische Konsequenz erzeugt schon alleine eine ganz eigene Atmosphäre, lässt das großzügige Areal seltsam unwirklich erscheinen, fast wie eine Kulisse, hebt es aber auch ab von den anderen Strandclubs in South Beach. Selbstverständlich ist es auch diese Exklusivität und Andersartigkeit, die den besonderen Reiz von Nikki Beach ausmachen. Erklärtes Ziel der Betreiber ist es, allein durch kompositorische Strenge und eine minimalistische Formensprache dazu beizutragen, dass sich alltägliche Sorgen vorübergehend in Luft auflösen.

Wer dort mit einem kühlen Getränk in der Hand am späten Nachmittag entspannt dem Sonnenuntergang entgegenchillt, darf sich zudem dem Jetset der floridianischen Metropole für einen magischen Moment ganz nah fühlen. Seitens der Betreiber wird vieles unternommen, um diesen Ausnahmestatus zu bewahren. Es gilt ein Dresscode, der selbst in unmittelbarer Nähe des Ozeans nach lässiger Eleganz verlangt, um das Designkonzept nicht zu konterkarieren. Wer Cargoshorts trägt, Kapuzenpullis oder Jogginghosen, muss draußen bleiben; wer hineinwill, braucht neben Schuhen und einem Hemd oder sonstigem schicken Oberteil auch ein wenig Fortune.

TIPP

Besonders empfehlenswert ist der sonntägliche Brunch von 11 bis 16 Uhr.

Insofern darf sich schon privilegiert schätzen, wer es hinein geschafft hat in die mondäne Welt des Nikki Beach – das Glücksgefühl kommt dann von ganz alleine. Spätestens, wenn man vom Clubgelände aus nur ein paar Schritte durch die Dünen zum Strand läuft und hineinspringt in die Wellen. Frisch abgeduscht, mögen sich die Feierwilligen noch ins Nachtleben des Clubs stürzen. Getanzt wird dort gerne am Pool und oft bis in die frühen Morgenstunden, die Partys sind genauso legendär wie die wunderbare Lage an der Spitze von South Beach. Wer dort strandet, will nicht mehr fort.

● Nikki Beach Miami, 1 Ocean Drive, Miami Beach, FL 33139, Tel. +1 305 5 38 11 11
www.miami-beach.nikkibeach.com

Feierabend im Hinterhof

48

Veza Sur Brewing Company in Wynwood

Nirgendwo harmonieren selbst gebrautes Bier und peruanisches Essen so perfekt miteinander wie in der Veza Sur Brewing Company. Was bei Tageslicht aussieht wie der Hinterhof eines kleinen Betriebs, verwandelt sich am Abend in ein quirliges Lokal mit fast nachbarschaftlich entspannter Atmosphäre. Tatsächlich gehören Brauerei und Kneipe zwar zum Bier-Giganten Anheuser-Busch, wurzeln aber in den Straßen des Viertels. So hat sich die von den Zwillingen Chris und Jeremy Cox im Jahr 2017 gegründete Craftbeer-Brauerei im Szene-Viertel Wynwood schnell zu einem Treffpunkt der Einheimischen entwickelt, versucht ihrerseits aber auch mit Spenden-Veranstaltungen auf das soziokulturelle Angebot für die Menschen vor Ort einzuwirken.
Als Besucher merkt man davon erstmal nichts, außer dass es dort extrem entspannt und unprätentiös zugeht. Aus einem Foodtruck im Hof werden die Gäste mit peruanisch und brasilianisch inspirierter Küche versorgt, in der Regel einfachen, aber leckeren Kneipengerichten. Das funktioniert ausgesprochen gut, selbst wenn die Veza Sur Brewing Company aus allen Nähten platzt.
Trotzdem bleibt es verhältnismäßig intim, zumindest verglichen mit dem Trubel der nur wenige Blocks entfernten Ausgehmeile von Wynwood. Während sich dort Nachtschwärmer von einem zum nächsten vollen Lokal schieben, findet sich im Veza Sur immer noch irgendwo ein Plätzchen.
Ewas enger wird es nur an den Abenden, an denen Bands die Brewing Company in einen Live-Club verwandeln – immerhin lässt sich so zwischendurch auch mit den Musikern beim Bier plaudern. Das kann durchaus exotisch schmecken, beispielsweise nach Mango, bleibt dabei aber immer angenehm süffig.
Inspirieren ließen sich die Brüder für die spezielle Note ihrer Biere von lateinamerikanischen Getränken – der Name verpflichtet. Eines der Highlights beispielsweise ist Chopp, ein brasilianisches Lager, das eiskalt genossen werden muss. Aber wo, wenn nicht in Miami – und gerne unter Freunden in der Veza Sur Brewing Company.

● Veza Sur Brewing Company, 55 NW 25th Street, Miami, FL 33127,
Tel. +1 786 3 62 63 00, www.vezasur.com

VEZA
SUR
NO SMOKING
VEZA
SUR

Shoppen der Superlative

49 Flanieren in der Aventura Mall in North Miami

Shoppen gehört für die meisten Menschen zu einem USA-Urlaub dazu. Die Preise gerade bei US-Marken sind häufig günstiger als in Deutschland. Entspannt durch die Geschäfte schlendern und sich etwas zu gönnen – das macht viele glücklich und rundet den Urlaub ab. Zu Hause erinnern die hippen Sneaker noch lange an die schönste Zeit des Jahres. Schnäppchen-Jäger erfreuen sich an den oft gigantischen US-Shopping Malls genauso wie Marken-Fetischisten.

Selbst im Land der Superlative ist die Aventura Mall etwas Besonderes. Im aufstrebenden Stadtteil Aventura im Norden von Miami gelegen, ist sie die größte Shopping Mall in Florida und die zweitgrößte in den USA. 300 Geschäfte versammeln sich auf zwei Etagen. Die Architektur ist hell, modern, ansprechend. Der Besucher kann sich hier herrlich von Geschäft zu Geschäft treibenlassen oder ganz gezielt Lieblingsläden ansteuern. Bloomingdale's, Macy's, JCPenney und Nordstrom bilden als große Kaufhäuser die Eckpunkte dieses Glitzerpalastes. Die Shops reichen von A wie alo bis Z wie Zumiez. Kunst und Kommerz gehen eine Liaison ein: 25 Kunstwerke lassen sich beim Flanieren entdecken.

TIPP
An den Wochenenden bauen zusätzliche Verkäufer kleine Stände auf den Fluren der Mall auf.

Auch kulinarisch kann die Aventura Mall punkten. Die schicke Treats Food Hall unter einer großen Dachkuppel bietet gutes und ausgefallenes Fastfood abseits von McDonalds & Co. Insgesamt 50 Restaurants verzeichnet das gigantische Shoppingcenter an verschiedenen Locations; egal ob französische, peruanische, japanische oder italienische Küche, jeder findet hier etwas für seinen Geschmack und seine Preisklasse.

Besonders beliebt und schön ist der Außenbereich am nordöstlichen Ende der Mall. Unter dichter Begrünung sitzen die Gäste in einem tropischen Biergarten. Vor allem zum Brunch sind diese Restaurants beliebt. Mit Blick auf die „Gorillas in the Mist", einem Brunnen mit einer Gruppe witziger Bronzeskulpturen, lässt es sich bestens frühstücken – während die Kinder den 28 Meter hohen Aventura Slide Tower besteigen und von oben herunterrutschen.

● Aventura Mall, 19501 Biscayne Boulevard, Aventura, FL 33180, Tel. +1 305 9 35 11 10
www.aventuramall.com

Bei den wilden Tieren

50 Besuch von Jungle Island auf Watson Island

Sümpfe, Mangroven, Savannen, Wälder – Floridas Vegetationszonen sind durchaus unterschiedlich. Einige davon auf engstem Raum erleben können Besucher in Jungle Island. Der kleine Zoo bietet eine Mischung aus üppiger tropischer Vegetation und exotischer Tierwelt, die die Sinne anregt und die Seele beflügelt.

Die Betreiber von Jungle Island haben sich darauf spezialisiert, Begegnungen mit wilden Tieren zu ermöglichen. Mit Lemuren oder Kängurus kuscheln, Flamingos mit der Hand füttern, Auge in Auge einem Faultier begegnen – solche potenziellen Glücksmomente sind das Kapital des kleinen Eilands. Besonders beliebt sind natürlich die Affen, die jeder gerne einmal im Arm halten möchte. Wenn die Tiere einmal keine Lust haben auf den menschlichen Besuch, fällt die Tour aus.

Jungle Island, das früher Parrot Island hieß, wurde bereits 1936 eröffnet. Dort leben insgesamt 300 Vögel, darunter der angeblich einzige trainierte Kasuar der Welt. Vögel aus verschiedenen Teilen der Erde sind im Park versammelt: schwarze Kakadus aus Neuguinea, blaue Hyazinth-Aras aus Südamerika oder blaugelbe Amazonen. In Shows dürfen die Aras frei über den Köpfen der Besucher durch die Luft fliegen und ihre beeindruckende Spannweite zeigen.

TIPP

Für Kinder steht auch ein schöner Spielplatz mit Kletternetz zur Verfügung.

Auch wer keine Tierbegegnung bucht, bekommt beim Erkunden der Gärten einiges geboten. Der Besucher kann sich auf den 2,5 Kilometer langen überdachten Weg durch den Park begeben, dabei die tropische Flora wie etwa einen afrikanischen Würstchenbaum bestaunen oder ein Picknick im Schatten eines alten verwunschenen Banyanbaums abhalten. Besonders schön ist die Sumpflandschaft mit den roten Flamingos.

Wer hoch hinaus will, kann auch weit über den Köpfen der Tiere von Baumwipfel zu Baumwipfel balancieren – Treetop Trekking nennt sich das abenteuerliche Angebot. Überall im Park hört man die freudig erregten Rufe derjenigen, die mit einer Seilrutsche einen kleinen Abgrund überqueren – Adrenalin inklusive.

● Jungle Island, 1111 Parrot Jungle Trail, Miami, FL 33132, Tel. +1 305 400 70 00
www.jungleisland.com

Unter Millionären

51 Ausflug zum Deering Estate in Palmetto Bay

Der Blick vom Balkon ist wahrhaft erhaben. Man sieht über das riesige Grundstück, links dichter Palmenwald, geradeaus ein Hafenbecken mit Platz für mehrere Yachten, wo sich heute Seekühe tummeln. Davor eine gigantische Rasenfläche, auf der man sich vorstellen kann, wie die Schönen und Reichen ihre Gartenpartys gefeiert oder Cricket gespielt haben.

Das Deering Estate ist ein Ausdruck der Goldenen Zwanziger Jahre, ein aus Stein gebauter Traum vom kosmopolitischen Leben mit Reminiszenzen an spanische, italienische und amerikanische Architektur. Charles Deering, Industrieller aus Chicago, Wohltäter, Umweltschützer und Kunstsammler, hat das Schlösschen mit seinen Erkern und Säulen 1922 erbaut, nicht nur als Wohnhaus für seine Familie, sondern auch als Museum für seine Kunstsammlung.

Heute kann man das Anwesen besichtigen und sich selbst fühlen wie ein Millionär. Die geschmackvollen Innenräume, die Schlafzimmer im Obergeschoss mit Ausblick und der Weinkeller hinter einer Tresortür geben einen Eindruck davon, wie es sich dort gelebt hat Anfang des 20. Jahrhunderts.

Das älteste Gebäude auf dem Grundstück ist ein rotes Holzhaus, das bereits 1896 erbaut und anschließend als Hotel genutzt wurde – die erste Touristenunterkunft zwischen Coconut Grove und Key West. Charles Deering erwarb es 1916 und lebte zunächst dort, bevor sein mediterranes Schlösschen fertig wurde. Auch diese Gebäude kann man besichtigen und sich vorstellen, wie die Gäste in Schaukelstühlen auf der überdachten Terrasse saßen und die Meeresbrise an heißen Nachmittagen genossen haben.

Charles Deering selbst hatte nicht viel Zeit, diese Pracht zu genießen. Er starb bereits 1927. Das Anwesen blieb in Familienbesitz bis 1986. Der Staat Florida kaufte das Deering Estate und machte es zu einem beliebten Ausflugsziel, das man auch für private Feiern mieten kann. Die Kunstsammlung des Millionärs sucht man dort jedoch heute vergebens: Deering vermachte seine Sammlung dem Art Institute in Chicago.

TIPP
Bei Vollmond bietet Deering Estate Yoga, Kajak-Touren und spezielle Abendtouren an.

● Deering Estate, 16701 SW 72nd Avenue, Miami, FL 33157, Tel. +1 305 2 35 16 68
www.deeringestate.org

Sonnenuntergang im Hafen

52

Relaxen im Monty's Sunset in Miami Beach

In Miami Beach ein schönes Plätzchen zu finden, um den Sonnenuntergang mit einem kühlen Getränk zu zelebrieren, erfordert etwas Ortskenntnis. Schon allein, weil die meisten Lokale dort nicht nach Westen ausgerichtet sind. Im Monty's Sunset ist das anders; von hier aus kann man verfolgen, wie die Sonne im Häusermeer Miamis und in der direkt an das Restaurant angrenzenden Marina versinkt. Dabei hat sich das Monty's einen etwas hemdsärmeligen, extrem entspannten Charakter erhalten – schicke Yacht-Atmosphäre sucht man dort vergeblich. Stattdessen verströmt eine riesige Tiki-Hütte mit Strohdach karibische Atmosphäre, die Stimmung ist lässig und relaxt. Was auch daran liegen mag, dass zum Lokal ein großer Pool gehört, der von den Gästen benutzt werden darf. Um den Pool herum gruppieren sich zwanglos etliche bunte Picknicktische für diejenigen, die es rustikaler mögen; wer lieber an einem Tisch mit Stühlen sitzen will, findet ebenfalls eine reiche Auswahl.

TIPP

Kostenlose Parkplätze, man muss das Ticket an der Bar entwerten lassen.

Herzstück des Restaurants, das eine große Bandbreite an frischem Seafood sowie Burger und Sandwiches serviert, aber ist die monumentale Bar unter dem ausladenden Tiki-Dach, die von einer schier endlosen Theke umschlossen wird. Dort sitzen die Spätnachmittagsschwärmer und genießen den Blick auf die Marina und Miamis Skyline, die wiederum eine spektakuläre Kulisse bietet für die teils sündhaft teuren Yachten, die vor dem Monty's ankern. So ist die Theke meist dicht belagert und einen Barhocker zu bekommen ein Glücksspiel; dafür entschädigen der besondere Ort und die Freundlichkeit der meist geselligen Gäste spielend kleinere Wartezeiten. Finden sich an der Theke des Monty's doch viele Einheimische auf ein Feierabendbier und einen Snack ein und freuen sich über einen Plausch, zum Beispiel über Miamis versteckte Perlen. Das Monty's ist sicher eine davon. Wenn abends dann noch eine Band den Sonnenuntergang musikalisch begleitet, wie häufig an den Wochenenden, ist das Glück perfekt.

● Monty's Sunset, 300 Alton Road, Miami Beach, FL 33139, Tel. +1 305 6 72 11 48
www.montyssobe.com

10FT
NO DIVING

Glanz und Gloria

53 Zu Gast im Biltmore Hotel in Coral Gables

Schon von Ferne weist der markante Turm den Weg: Das Biltmore Hotel ist ein Wahrzeichen von Coral Gables – und das schon seit 1926. Auch heute noch verströmt es mit seiner Grandezza den Glanz der Goldenen Zwanziger Jahre. Ein Wohlfühlort mit Luxus-Ambiente. Auch wer nicht dort nächtigt, sollte das geschichtsträchtige Hotel besuchen und eintauchen in diese wunderschöne und elegante Oase.

Schon die Architektur lohnt den Abstecher: Handgemalte Fresken an den Decken, glänzende Travertinböden, feine Marmorsäulen und Bleiverglasungen, geschnitzte Mahagonimöbel und üppige Gärten laden zum Lustwandeln und Staunen ein. Der Turm soll dem Giralda-Turm in Sevilla nachempfunden sein, die Lobby mit Kreuzgewölben und gemütlichen, in Blau gehaltenen Sitzgelegenheiten erinnert eher an einen venezianischen Palazzo. Kein Wunder, dass dort nach der Eröffnung Stars wie Ginger Rogers, Judy Garland und Bing Crosby abstiegen. Al Capone war bei den glanzvollen Bällen zu Gast – und betrieb angeblich dort einen Spielsalon. Zu Kriegszeiten als Krankenhaus für Veteranen genutzt, kehrte die High Society erst 1968 ins Biltmore zurück.

Der gigantische Pool ist ebenfalls überwältigend und eine Sehenswürdigkeit für sich. Er gehört mit seinen mehr als 2100 Quadratmetern Wasserfläche zu den größten des Landes. Hier arbeitete Freistil-Legende und späterer Tarzan-Darsteller Johnny Weissmüller zunächst als Schwimmlehrer, bevor er in dem Riesenpool angeblich einen neuen Freistil-Weltrekord aufstellte.

Im heutigen Restaurant am Pool, dem Cascade, können Gäste diesen Geschichten nachsinnen, dem meditativen Plätschern des kleinen Wasserfalls lauschen und mit Blick auf die herrschaftliche Architektur des Grandhotels exquisit speisen. Auf der anderen Seite des Gebäudes lockt die große Terrasse, auf der sich die Aussicht auf die Weite des benachbarten Golfplatzes genießen und wunderbar von lange vergangenen Zeiten träumen lässt.

TIPP

Man kann als Tagesgast eine Cabana mieten und so in den Genuss des Riesenpools kommen.

● The Biltmore Hotel, 1200 Anastasia Avenue, Coral Gables, FL 33134, Tel. +1 305 4 45 19 26, www.biltmorehotel.com

Poppig bunt

54 Junge Kunst im Museum of Graffiti in Wynwood

Der Stadtteil Wynwood ist bekannt für seine Graffitis. Auf Hauswänden, Mauern, Garagentoren – überall findet sich diese Kunstform in dem Stadtteil, der einst geprägt war von Industrie- und Lagerhäusern, sich aber gerade vom angesagten Ausgeh- zu einem Wohnviertel wandelt. Immer mehr der alten Bauten werden abgerissen. Gut, dass viele der Straßenbilder erhalten bleiben.

Das Museum of Graffiti ist nach eigener Aussage das erste Museum seiner Art, das sich der Kunst mit der Sprühdose widmet. Und es ist vorbildlich gelungen, wie dort Wissen über diese relativ junge Kunstform anschaulich und spannend vermittelt wird. Dazu gibt es Wechselausstellungen, die verschiedene Sprayer vorstellen.

Alles begann in den späten 1960er- und frühen 1970er-Jahren, als Jugendliche ihre Pseudonyme, sogenannte Tags, mit Farbe auf Wände sprühten. In kürzester Zeit entwickelten sich die Wandschriften zu immer kunstvolleren und dekorativeren Gebilden, Murals genannt. 1973 gab es bereits eine erste Ausstellung solcher Werke in der New Yorker Razor Gallery, sie läutete den Siegeszug des Graffitis ein.

Fast 50 Jahre später wurde 2019 das Museum of Graffiti gegründet, um die Entwicklung dieser subversiven Kunst aufzuzeigen und ihren Einfluss auf Design, Mode und Werbung zu dokumentieren. Das kleine Museum nimmt den Besucher mit auf eine chronologische und leicht verständliche Reise durch die Geschichte. Auf poppig bunten Wänden gibt es viel Wissenswertes zu erfahren, ohne dass der Gast mit zu viel Text überfordert wird. Eine Wand allein ordnet unzählige Sprühdosen an wie die Farben eines Regenbogens, eine andere verdeutlicht die unterschiedlichen Ausprägungen dieser Kunst in den verschiedenen Erdteilen.

Die Besucher können auch selbst aktiv werden. Eine VR-Brille versetzt sie mitten ins virtuelle Geschehen. Mit Handgeräten, die im virtuellen Raum Sprühflaschen simulieren, kann man sich selbst als Graffiti-Künstler fühlen und in allen Farben auf imaginären Wänden austoben.

TIPP

Anschließend in dem originellen Laden Walt Grace Vintage einen Block weiter einen Kaffee trinken.

● Museum of Graffiti, 276 NW 26th Street, Miami, FL 33127, Tel. +1 786 5 80 46 78
www.museumofgraffiti.com

1972
Billy 167, Noc 167
Mid-1980s
Bando, Shoe, Mode 2, Rick One
Mid-2000s

Shopping nahe dem Ozean

55 Die Lincoln Road Mall in Miami Beach

Unter den wenigen echten Fußgängerzonen in den Großstädten der USA ist die Lincoln Road Mall in Miami Beach sicher eine der schönsten und muss etwa den Vergleich mit der Third Street Promenade in Santa Monica nicht scheuen. Das liegt zum einen an der bemerkenswerten Architektur vieler Art-déco-Gebäude an der acht Blocks langen Shoppingmeile. Dabei sticht vor allem das strahlend weiße ehemalige Lincoln Theatre heraus, heute die Heimat einer Filiale des Moderiesen Hennes & Mauritz.

Dazu punktet die Mall mit tropisch begrünten Bereichen, eigens gepflegt vom Team des Fairchild Botanical Garden, und Dutzenden Schatten spendenden Bäumen, die zu einer hohen Aufenthaltsqualität beitragen. So lässt sich der Einkaufsbummel in den zahllosen Boutiquen, Geschäften und Kaufhäusern selbst bei schweißtreibenden Temperaturen vertreten, bieten sich doch viele Gelegenheiten für kleine Pausen. Unter anderem in einem der unzähligen Restaurants, deren Tische und Stühle sich fast über die gesamte Shoppingstraße verteilen und sie neben einem Anziehungspunkt für Fashionistas und Flaneure auch zu einem beliebten Ausgehviertel machen. Vor allem, weil das Angebot so groß ist, dass sich auch an frequentierten Tagen immer noch irgendwo ein Plätzchen findet.

TIPP

Salt & Straw, die Kult-Eisdiele aus Oregon, gibt es jetzt auch in Miami – jedes Eis darf man probieren.

Fast überall schwingt die Nähe zum nur einige Querstraßen entfernten Ozean mit, hängt ein Hauch Salzgeruch in der Luft, was der Lincoln Road Mall eine ganz besondere Atmosphäre verleiht. Das gilt natürlich an allen Tagen, speziell aber an den Wochenenden, an denen sich Abschnitte der Mall in einen Farmers Market verwandeln, an Verkaufsständen frisches Obst und Gemüse aus der Region angeboten wird und sich viele Einheimische unter die Touristen mischen. Wer zudem nach Antiquitäten und seltenen Sammlerstücken fahndet, kann zwischen Oktober und Mai immer wieder sonntags auf dem regelmäßig stattfindenden Antique Market fündig werden. Eine angenehme wie anregende Art, den Sonntag zu verbummeln.

● Lincoln Road Mall, Collins Avenue bis Bay Road, zwischen 16th und 17th Street, Miami Beach, FL 33139, www.lincolnroad.com

Entspannen in der Oase

56

The Oasis in Wynwood

Inmitten meterhoher Sanddünen liegt in der peruanischen Region Ica die legendäre Oase Huacachina, heute ein Sehnsuchtsort für moderne Nomaden. Diesem Ort nachempfunden wurde die Ausgehmeile The Oasis in Wynwood, weithin erkennbar am Turm aus bunten Schiffscontainern, der zwischen den Dächern alter Fabriken emporragt, geschmückt mit einem Wandgemälde des spanischen Künstlers Antonyo Marest. Auch diese Oase will sich – wie ihr bekanntes Vorbild von den Sandlandschaften – vom Betongrau der umliegenden Hallenwände absetzen.

Im Inneren auf der großzügigen Piazza bieten Palmen Schatten, den Eingang säumt eine Allee aus Bäumen, deren Äste ineinander verschlungen einen Baldachin bilden für Flaneure, nachts von hunderten Lichterketten illuminiert. Eine Kulisse, die vor allem Romantiker zum Träumen verleitet und dazu, sich unter diesem naturgrünen Dach fotografieren zu lassen. Tagsüber wirkt diese Allee kaum weniger imposant, zumal ein Café gleich am Eingang dazu einlädt, das Setting gemütlich auszukosten.

TIPP
In den Abendstunden kommen, weil der Lichterzauber dem Ort einen ganz eigenen Glanz verleiht.

Im weitläufigen, insgesamt mehr als 3000 Quadratmeter großen Innenhof dagegen warten einige der farbenfrohen Container darauf, kulinarisch entdeckt zu werden. Jeder von ihnen ist einer anderen Landesküche gewidmet, das Repertoire reicht von japanischer über mexikanische bis italienische Kost. Sonnensegel spenden genug Schatten, um sich eine Auszeit von Miamis Hitze zu gönnen. Wie in Huacachina muss auch in The Oasis niemand verhungern oder verdursten, die Tower Bar ist für jeden Getränkewunsch gerüstet, von der Cola bis zum Cocktail.

Auch der Hunger auf Kultur wird regelmäßig gestillt, mit DJs, Bands, ganztägigen Festen und Märkten, die das etwas versteckt liegende Areal vibrieren lassen. Erst dann vermag sich der Zauber dieser urbanen Oase richtig zu entfalten, verwandelt sie sich für Tag- wie Nachtschwärmer in ein Eldorado, in dem aus industriellem Charme, üppiger Natur und warmem Design etwas anregend Neues erwächst.

● The Oasis, 2335 N Miami Avenue, Miami, FL 33127, Tel. +1 305 4 49 97 72
www.oasiswynwood.com

Ein Schloss aus Korallen

57

Besuch im Coral Castle Museum in Homestead

Ein Schloss aus Korallen? Das lässt sich nur schwer vorstellen. Doch hier im Süden von Miami hat sich ein Mann mit Erfindergeist, Ausdauer und handwerklicher Geschicklichkeit ein fantastisches Denkmal in Stein gemeißelt. „Eine ungewöhnliche Leistung" nannte Ed Leedskalnin (1887–1951) selbst bescheiden sein Werk. Von 1923 bis zu seinem Tod arbeitete der gebürtige Lette an diesem Faszinosum, das geheimnisvollen Charme versprüht. Jeder, der ein Faible für Geschichte, Architektur oder einfach nur einen Sinn für Wunder hat, wird sich von diesem magischen Ort beeindrucken lassen.

Das Coral Castle Museum ist ein Skulpturengarten aus versteinerten Korallen. In dem Park lassen sich einzelne noch zu erkennende Räume des „Schlosses" besichtigen, eine Küche, ein Bad, eine Sonnenuhr, Tore und Fenster sowie einen funktionierenden Schaukelstuhl aus Stein – alle haben dank ihres Gewichts den vielen Hurrikans im Laufe der Jahre getrotzt. In dem Schaukelstuhl soll Rockmusiker Billy Idol gesessen haben, als er seinen Hit „Sweet Sixteen" geschrieben hat – inspiriert von dem ungewöhnlichen Ort und seiner Geschichte. Im Video zu dem Song taucht am Anfang tatsächlich das Coral Castle auf.

Wer eine der geführten Touren miterlebt, was hier unbedingt empfehlenswert ist, erfährt viele Anekdoten des skurrilen Erbauers und seiner unglücklichen Liebe zu Agnes, der er angeblich dieses Schloss widmete. Er selbst war nur rund 1,5 Meter groß und erschuf die Steinformationen aus mehr als 1000 Tonnen Korallengestein mit der Kraft seiner Hände – wie genau er das Gestein bearbeitet und transportiert hat, weiß man nicht. Heute steht sein Werk als Sinnbild für Entschlossenheit und äußerste Kreativität.

Um den Besuch abzurunden, sollte der Gast sich Zeit nehmen, um in den wunderschön angelegten Gärten rund um das „Schloss" zu entspannen. Üppiges Grün, leuchtende Blüten und Wasserspiele schaffen eine ruhige Atmosphäre, um über den Zauber dieses Ortes nachzusinnen – und über die skurrilen Wunder der Welt.

TIPP

Anschließend durch die charmanten Shops des nahen Cauley Square Historic Village schlendern.

● Coral Castle Museum, 28655 South Dixie Highway, Miami, FL 33033, Tel. +1 305 2 48 63 45, www.coralcastle.com

Ein Fluss aus Gras

58

Der Anhinga Trail in Royal Palm

Was aussieht wie eine endlose Sumpflandschaft, ist tatsächlich ein Fluss. „Pa-hay-okee" nannten die Seminolen, die Ureinwohner, diese Region – „Fluss aus Gras". Das beschreibt dieses außergewöhnliche Stückchen Erde besser als der Name Everglades, weil das Wasser dort so unmerklich wie unaufhaltsam zum Golf von Mexiko und der Florida Bay strömt.

Es ist ein magischer Ort, der seinen Zauber vor allem dann entfaltet, wenn man sich Zeit nimmt, sich sozusagen hineinsinken lässt in diese exotische Szenerie, vielleicht am schönsten auf dem Anhinga Trail am Visitor Center Royal Palm. Asphaltiert und auf einem Steg führt dieser Pfad mitten hinein in ein urwüchsiges Naturpanorama, das außerhalb der Wege unberührt und unbeeinflusst wirkt.

TIPP

Am späten Nachmittag ist die Stimmung besonders schön – und der Park leerer.

Fast an jeder Stelle lohnt es sich, innezuhalten, zu warten, zu schauen und zu lauschen, den feuchtwarmen Wind auf der Haut zu spüren, die Alligatoren fast lautlos durchs Wasser gleiten zu sehen und den Flügelschlag der Schlangenhalsvögel, der Anhingas, zu hören. Es ist die geradezu majestätische Stille dieser überwältigenden Urlandschaft, die Glücksgefühle heraufbeschwört – Glück darüber, dass es noch solche Flecken gibt, in denen Flora und Fauna im Gleichtakt pulsieren.

Nur rund 1,4 Kilometer weit zieht sich die Schleife des Trails durch diesen Teil des Parks, präsentiert dabei aber seine ganze, vielseitige Pracht. Es geht vorbei an Mangroven, Seegras, Farnen, Lianen, Orchideen und Bromelien, an Hartholz-Bauminseln mit Palmen, Mahagonibäumen, Eichen und Magnolien, am Weg lassen sich Ibisse, Pelikane, Kormorane, Rosalöffler und Fischreiher beobachten. Manchmal sogar Schlangen und garantiert Alligatoren, die tierischen Stars der Everglades, die entweder faul im Sumpfgras dösen oder gemächlich ihre Bahnen ziehen. Vielleicht sind es auch diese frei im Park lebenden Riesenechsen, die den Everglades ihren speziellen, urtümlichen Charakter verleihen. Das Wissen darum, wie filigran dieses Gleichgewicht doch ist, macht das Erlebnis nur noch kostbarer.

● Anhinga Trail, Visitor Center, 40001 State Road 9336, Homestead, FL 33034-6733, Tel. +1 305 2 42 77 00, www.nps.gov/ever/planyourvisit/anhinga-trail.htm

Der Herr der Früchte

59

Im Laden Robert Is Here in Homestead

Schon von weitem künden unübersehbar große Buchstaben davon, dass Robert da ist. Meistens ist er das tatsächlich, steht lächelnd inmitten seiner übervollen Auslagen, berät und bedient. Geht er gerade irgendwo dringenden Geschäften nach, ist er zumindest im übertragenen Sinne da, denn Robert Is Here ist mehr als nur ein Firmenname, es ist ein Versprechen und ein Bekenntnis. 1959 gab es der damals sechsjährige Robert Moehling zum ersten Mal ab, malte die drei Worte auf ein Pappschild. Tags zuvor hatte an seinem kleinen Stand am Straßenrand, an dem er auf Weisung seines Vaters Gurken verkaufen sollte, niemand gehalten. Mit dem Schild war er am Abend ausverkauft.

Das Schild blieb, Robert auch, nur der Stand entwickelte sich zu einem Markt, dessen exotisches Angebot an Obst und Gemüse weit über die Grenzen Homesteads hinaus bekannt ist. Ob Drachen- oder Sternfrüchte, Papayas oder Mangos, Avocados oder Bananen, ob hausgemachte Produkte wie Marmeladen, Saucen oder Honig, Robert hat es alles und dazu in einer Qualität, die ihresgleichen sucht.

Über die Jahrzehnte hat der umtriebige Geschäftsmann seinen Betrieb stetig zu einem Ausflugsziel ausgebaut, das noch weit mehr zu bieten hat als seltene Obstsorten. Hinter dem offenen Ladenlokal, das eher wirkt wie ein riesiger Schuppen, erstreckt sich ein weitläufiges Gelände, auf dem es für junge wie für ältere Besucher etwas zu entdecken gibt. Während Erstere Gefallen finden an einem Streichelzoo mit Emus, Schweinen, Hühnern und Ziegen, inspizieren Letztere die Sammlung historischer Traktoren, die Robert auf seinem Grundstück geparkt hat.

Zum Abschied gilt es dann, einen seiner berühmten Smoothies oder Milchshakes zu probieren, bei denen man aus 25 Obstsorten drei wählen kann. Oder vielleicht seine kaum weniger bekannte Key Lime Pie, auf die Einheimische wie Touristen aus dem nahen Miami schwören. Komplimente für seine leckeren Kreationen nimmt der Chef gerne persönlich entgegen – er ist ja da. Meistens jedenfalls.

TIPP

Unbedingt an den Auslagen vorbei hinter das Haus gehen, dort finden sich Streichelzoo und Museumsstücke.

● Robert Is Here Fruit Stand, 19200 SW 344th Street, Homestead, FL 33034, Tel. +1 305 2 46 15 92, www.robertishere.com

FRESH
LETTUCE
RIPENED
custard.

Wein mit fruchtigen Noten

60

Schnebly Redland's Winery in Homestead

Ein Wein aus Litschi, Maracuja oder Guave? Oder lieber aus Avocado oder Mango? Klingt nicht nur ungewöhnlich, ist es auch. Im am weitesten südlich gelegenen Weingut der USA, der Schnebly Redland's Winery in Homestead, wird Wein aus tropischen Früchten statt aus Trauben gewonnen. Mango-Wein erinnert ein wenig an White Zinfandel, Wein aus der Sternfrucht kommt wie ein Pinot Grigio daher. Entstanden ist die Idee der Winzer Denisse und Peter Schnebly aus der Frage heraus, was sie mit den vergorenen Früchten von ihren Plantagen anderes anstellen könnten, als sie wegzuwerfen. Bald war der Plan geboren, daraus Wein zu keltern und statt der Trauben eben das zu nutzen, was die Natur vor Ort hergibt. Heute finden sich die exotischen Weine der Schneblys in vielen Supermärkten Floridas und locken täglich Gäste auf das rund 30 Meilen südlich von Miami gelegene Anwesen. Denn neben den fremdartigen Genüssen ist es der bezaubernde Ort selbst, der die Anreise lohnt. Direkt hinter dem Eingang im Haupthaus dominiert eine runde Bar auf ausrangierten Fässern den Raum. Dahinter geben bodentiefe Fenster den Blick frei auf ein weitläufiges, üppig begrüntes Areal. Tatsächlich ist das Herzstück des Weinguts ein tropischer Garten, der daran erinnert, dass es bei Schneblys nicht um Rebensaft geht, sondern um das, was die Region zu bieten hat.

Bananenstauden, Bougainvillea und Palmen sowie ein Wasserfall an einem Fischteich bilden die malerische Kulisse für große Tiki-Hütten, in denen sich mit Blick auf die fantastische Szenerie trinken und speisen lässt. Wer will, schlendert mit einem Glas Wein durch die Parklandschaft. Oft untermalt von Livemusik, vor allem an den Wochenenden, an denen es schon geschäftig zugehen kann in diesem karibisch anmutenden Paradies.

Wer weder Wein aus Trauben noch aus Früchten mag, für den hält das Weingut auch Bier bereit. Wird auf dem Grundstück doch in einer nahe gelegenen Halle ambitioniertes Craftbeer gebraut – selbstverständlich mit fruchtigen Noten.

TIPP

Hinter der Brauerei liegt ein riesiger Biergarten, in dem oft Bands spielen.

● Schnebly Redland's Winery, 30205 SW 217th Avenue, Homestead, FL 33030, Tel. +1 305 2 42 12 24, www.schneblywinery.com

Plantagen der Welt

61 Lehrstunde im Fruit & Spice Park in Homestead

Wer an einem Tag alle fünf Kontinente bereisen will, ist im Fruit & Spice Park genau richtig. Denn das Areal ist in fünf Regionen unterteilt und versammelt wunderschöne Pflanzen aus Afrika, Asien, Europa, Australien und dem Pazifik. Allerdings ist die außergewöhnliche Anlage kein Botanischer Garten, sondern ein Lehrgarten. Er dient dazu, den Besuchern anschaulich die Welt der Pflanzen, Früchte und Gewürze nahezubringen. Denn viele wissen heute überhaupt nicht mehr, wo und wie unser Obst und Gemüse wächst und angebaut wird. So gerät der Rundgang durch den liebevoll angelegten Park auch zu einer Lehrstunde in Sachen Ernährung – nicht nur für Schüler empfehlenswert.
Sobald man das Visitor Center verlassen hat, kann man einem Rundgang auf gut geteerten Wegen folgen. Wer schon immer wissen wollte, wie die Sternfrucht wächst, ein Leberwurst-Baum aussieht oder welche Sorten von Mangos es gibt – im Fruit & Spice Park lassen sich alle Arten und Sorten finden. 200 verschiedene Mangobäume finden sich im Park – der größte seiner Art in Nordamerika. Redland, die Gegend um Homestead, ist bekannt für ihren fruchtbaren (roten) Boden und ein wichtiges Obst- und Gemüseanbaugebiet.

TIPP
Zwischen 16 und 17 Uhr, kurz vor Feierabend, ist der Eintritt frei.

Im Fruit & Spice Park wächst einfach alles. Dort gibt es einen Kräutergarten und verschiedene Gewächshäuser. Im Tropenhaus herrscht schwülwarmes Klima, das exotische Pflanzen und Früchte reifen lässt. Auf dem Gelände gilt: Wenn Obst am Boden liegt (und man es kennt), darf man es auch essen. Nicht gestattet ist es, Früchte vom Baum zu pflücken oder mit nach Hause zu nehmen.
Tamarinde ist vielleicht bekannt, aber wie sieht der Baum aus, auf dem Macadamia-Nüsse wachsen oder Litschis? Die Antworten liefert der vorbildliche Park mit seinen 500 verschiedenen Sorten an Obst, Gemüse, Nüssen, Kräutern und Gewürzen. 70 verschiedene Bambussorten säumen den Weg entlang eines Teichs, auf dem schöne Wasserlilien blühen. Das ist tatsächlich nicht nur schön anzusehen, sondern äußerst lehrreich – und eine Feier der Vielfalt.

● Fruit & Spice Park, 24801 SW 187th Avenue, Homestead, FL 33031, Tel. +1 305 2 47 57 27, www.miamidade.gov/fruitandspicepark

Bei den Urzeit-Echsen

62

Die Everglades Alligator Farm in Homestead

So viele Alligatoren hat man selten auf einem Fleck gesehen. Vor allem, wenn es Fütterungszeit ist, wuseln die zur Familie der Krokodile gehörenden Tiere in dem Gehege wild durcheinander, über- oder untereinander, um ja einen Brocken Fleisch zu erhaschen, den einer der Wildhüter ihnen zuwirft. Fasziniert und gleichzeitig etwas erschrocken gibt man sich dem Spektakel hin, das diese Urzeit-Viecher hier bieten. 2000 Alligatoren leben allein in dieser nach eigenen Angaben ältesten Alligator-Farm in Südflorida. Direkt am Eingang der Everglades gelegen, kann, wer dort kein Glück hatte, hier noch genügend Alligatoren vor die Linse nehmen und kommt ihnen so nah wie nirgendwo sonst. In den 1950er-Jahren waren die amerikanischen Alligatoren fast ausgerottet. Die hohe Nachfrage nach Häuten und Fleisch hatte die Wilderei in die Höhe schnellen lassen, so dass die Anzahl der wilden Population stark dezimiert war. In den 1980er-Jahren eröffneten die ersten kommerziellen Alligator-Farmen, so dass die Tiere bald wieder von der Liste der bedrohten Arten gestrichen werden konnten.

Auch in der Everglades Alligator Farm werden Alligatoren gezüchtet. In den Aufzuchtstationen kann man sie in allen Lebensstadien begutachten. Die Baby-Krokodile, die sogenannten Hatchlings, werden hier in kleinen Becken gehalten, die mit Draht geschützt sind. Denn für Raubvögel stellen die kleinen Reptilien eine Delikatesse dar.

Der Rundgang durch den tropischen Park mit teils üppiger Vegetation führt vorbei an verschiedenen Gehegen mit ganz unterschiedlichen Alligatoren- und Krokodilarten. Alle besitzen mit Pflanzen bewachsene Wasserbecken, in denen die Tiere die Möglichkeit haben, sich zurückzuziehen. Regelmäßig stattfindende Alligator Shows und Fütterungen gehören zum Besuch dazu. Für viele ist aber das Highlight die Fahrt mit dem Airboat, die ebenfalls im Eintrittsticket enthalten ist. Für etwa 20 Minuten geht es mit dem tosenden Gefährt hinaus in die Everglades, nasse Füße inklusive.

TIPP

Unbedingt einen Hut aufsetzen, viele Wege des Parks sind ohne Schatten.

● Everglades Alligator Farm, 40351 SW 192nd Avenue, Homestead, FL 33034, Tel. +1 305 2 47 26 28, www.everglades.com

Garten mit Glückskatzen

63 Das Hemingway-Haus in Key West

Manchen Orten wohnt ein Zauber inne, der sich nicht so recht erklären lässt, aber allen Widrigkeiten zu trotzen scheint. Ernest Hemingways Haus in Key West ist ein solcher Ort, ein Tropentraum mit lindgrünen Schlagläden und einer umlaufenden Veranda. Inmitten eines üppigen, verwunschenen Gartens strahlt es eine stille Würde aus, wirkt gleichermaßen zerbrechlich wie unzerstörbar, als habe der Charakter seines berühmtesten Bewohners auf es abgefärbt.

Hemingway bekam es 1931 vom Onkel seiner zweiten Frau Pauline geschenkt, hatte aber vorher schon ein Auge auf Gebäude an der Whitehead Street geworfen. Fast zehn Jahre verbrachte der Schriftsteller in dem aus Muschelkalk erbauten Haus, ließ sich dort zu seinen Romanen „Wem die Stunde schlägt" und „Die grünen Hügel Afrikas" inspirieren.

Hemingway liebte die Keys heiß und innig, besonders Key West mit seinen Bauten im Kolonialstil hatte es ihm angetan, das lässige Leben dort, die süße Luft, das dörfliche Flair. Fast alles ließ sich zu Fuß erledigen, von seiner Lieblingsbar Sloppy Joe's bis zu seinem Domizil war es nur ein Spaziergang, der sich auch nach mehreren Daiquiris absolvieren ließ.

Im Haus stehen noch etliche originale Möbel, auf denen sich vorzugsweise Katzen räkeln. Mehr als 50 sollen es im und rund ums Haus sein, alles Nachfahren der Katze Snowwhite, die Hemingway von einem Kapitän geschenkt bekam. Ihr Markenzeichen: sechs Zehen, was unter Seefahrern als Glücksbringer gilt. Noch heute tummeln sich unter den Samtpfoten des Anwesens auch solche mit sechs Krallen, die meisten von ihnen sind Streicheleinheiten nicht abgeneigt. So mag etwas von ihrem Glück, an diesem Ort leben zu dürfen, auch auf die Besucher überspringen.

Und wenn man einen stillen Moment im Garten erwischt, meint man selbst den besonderen Geist zu spüren, der dieses Fleckchen Erde prägt. Es ist die Essenz dessen, was die Faszination dieser immer noch wunderbaren Insel ausmacht, eine unwiderstehliche Mischung aus Exotik, Esprit und Eleganz.

TIPP

Von der Spitze des Leuchtturms gegenüber hat man einen guten Blick auf das Anwesen.

● The Hemingway Home & Museum, 907 Whitehead Street, Key West, FL 33040, Tel. +1 305 2 94 11 36, www.hemingwayhome.com

Wo die Sirenen singen

64

Magische Momente in der Lorelei auf Islamorada

Auf der Insel Islamorada versteckt sich eine Lorelei. Sie lockt aber keine Reisenden ins Verderben wie ihr berühmtes Vorbild am Rhein, sondern zu einem der spektakulär schönsten Orte entlang der Florida Keys. Nirgendwo sind die Sonnenuntergänge malerischer, vermittelt sich das Lebensgefühl der Insulaner intensiver. Ein leicht zu übersehendes Schild mit Meerjungfrau am Mile Marker 82 weist den Weg zum Restaurant, das auf einem breiten Dock in der Lagune thront, eingerahmt von Mangroven. Schon der erste Eindruck vermag zu überwältigen, bietet sich dem Besucher doch ein begehbares Postkarten-Panorama.

Vom offenen, weiß gestrichenen Gebäude der Lorelei schweift der Blick weit über das Wasser der Bucht, in der dank der geschützten Lage meist nur ein laues Lüftchen weht. Reiher und Kormorane beobachten, wie die Gäste per Boot aus den umliegenden Lagunen heranschweben, um in der unprätentiösen Cabana-Bar in den Abend zu segeln. Eine schmale Brücke führt zu einem kleinen Strand und Dutzenden Tischen, an denen sich mit den Füßen im Sand unter Palmen frische Meeresfrüchte zu verträglichen Preisen genießen lassen. In der Lorelei lebt das Karibik-Klischee; vor allem, wenn Musiker am Nachmittag das Naturschauspiel begleiten – wie an jedem Tag im Jahr.

Trotz der vielen Menschen, die sich auf Bar und Strandrestaurant verteilen, wirkt die Atmosphäre fast familiär, weil selbst die Einheimischen nicht dem Sirenengesang dieser Meerjungfrau widerstehen können. Über die Jahre ist die Lorelei stets gewachsen, hat mehrere Besitzer und die Zerstörungen eines Hurrikans überlebt, wurde ausgebaut über Strand und Marina hinweg, hat dabei aber nie ihren Charme verloren. Spätestens wenn die Sonne antritt, jedes Kitsch-Vorurteil zu bestätigen, und blutrot in der Lagune versinkt, hat man sein Herz rettungslos an diesen magischen Ort verloren. Glück ist dort nichts, was man lange suchen muss; diese Lorelei verschenkt es im Überfluss.

TIPP

Früh kommen und einen der Barhocker am überdachten Geländer mit Blick auf die Lagune ergattern.

● Lorelei Restaurant & Cabana Bar, Mile Marker 82, Bayside, Islamorada, FL 33036, Tel. +1 305 6 64 26 92, www.loreleicabanabar.com

Ein Tag im Paradies

65 Im Bahia Honda State Park auf Bahia Honda

Schwimmen, Schnorcheln und Sonnenbaden im Schatten einer geschichtsträchtigen Eisenbahnbrücke, das bietet auf den Florida Keys nur der Bahia Honda State Park. Wobei das mit dem Schatten nicht wörtlich zu verstehen ist, führt das imposante Bauwerk doch von der Südspitze der Insel hinaus ins Meer. Züge verkehren dort nicht mehr, seit ein Hurrikan im Jahr 1932 große Teile der Eisenbahnlinie zerstörte. Henry Morrison Flagler's Florida East Coast Railway trug aber wesentlich dazu bei, die wie an einer Perlenkette aufgereihten Inseln für den Tourismus zu erschließen. So erinnert die immer noch eindrucksvolle und fotogene Ruine an eine Zeit des Aufbruchs, als die Landflecken im Atlantik noch ein verheißungsvolles Versprechen für diejenigen waren, die sich eine Fahrt mit Flaglers Bahn leisten konnten.

Durch den Overseas Highway lassen sich die Inseln heute fast für jedermann ohne großen Aufwand erkunden. Und das ist auch gut so. Paradiesische Ziele wie der Bahia Honda State Park blieben sonst für viele unentdeckt. Zuallererst lohnt sich ein Besuch natürlich wegen der fantastischen Strände, die zu den schönsten der Vereinigten Staaten gehören. Sie heißen Calusa, Loggerhead und Sandspur, bringen es zusammen auf vier Kilometer Strandlinie mit fast weißem, feinem Sand und teils seichtem Wasser, das viele Familien anlockt. Wer will, kann von der alten Brücke zudem seine Angel auswerfen.

Bahia Honda Key, speziell der Park, lässt sich aber auch per Rad erkunden. Rund fünf Kilometer lang windet sich eine Straße über die Insel, die nicht nur wegen ihres glasklaren, türkis schimmernden Wassers beliebt ist, sondern auch wegen ihres Reichtums an Tieren und Pflanzen. So finden sich dort besonders viele Silberpalmen, denen eigens ein Trail gewidmet ist. Seltene Karettschildkröten sind auf Bahia Honda ebenso beheimatet wie Miami-Bläulinge, eine exotische Schmetterlingsart. Bahia Honda lieben zu lernen, ist also nicht schwer; die Insel wieder zu verlassen aber schon.

● Bahia Honda State Park, 36850 Overseas Highway, Big Pine Key, FL 33043, Tel. +1 305 8 72 23 53, www.floridastateparks.org/BahiaHonda

On the Dock of the Bay

66

Der Mallory Square auf Key West

Früher tummelten sich dort die Piraten, später eroberten in den 1960ern erst die Hippies und dann die Touristen den Mallory Square. Der weitläufige Platz an der Hafenpromenade markiert nicht nur das Ende der belebten und beliebten Duval Street; auf ihn stößt zwangsläufig jeder Besucher, der durch die Straßen und Gassen der Stadt flaniert.

Zwischen Gauklern, Musikern und Artisten gilt es, sich möglichst frühzeitig einen Platz zu sichern an der Kaimauer, um mit Blick auf Sunset Key und Wisteria Island der Sonne dabei zuzuschauen, wie sie maximal spektakulär im Meer versinkt. Trotz des Trubels ein oft magischer Moment, kreuzen doch meist einige Mehrmaster mit geblähten Segeln durchs verglimmende Sonnenlicht, als wetteiferten sie darum, das romantischste Fotomotiv abzuliefern.

Wer sich auf das bunte Treiben einlässt, wird mit einer karibisch anmutenden Atmosphäre belohnt. Die Stimmung ist entspannt und der Platz weitläufig genug, um allen den nötigen Raum zu bieten, sich auszubreiten, ob Händler, Eisverkäufer oder Feuerschlucker.

Beim Spaziergang am Pier entlang des Wassers gelangt man bald ins Refugium der Kreuzfahrtschiffe, die dort anlegen, wo Anfang des 19. Jahrhunderts Commodore David Porter seine Schiffe aussandte, um Piraten das Handwerk zu legen. Am anderen Ende dagegen wartet der langgezogene Sunset Pier auf Gäste, die bei Livemusik und kühlen Getränken erleben wollen, mit welchem Bootsarsenal die Insulaner heute unterwegs sind. Vom Kajak bis zum Katamaran ist alles dabei.

Diejenigen, die nun ihre Beziehung zum Meer vertiefen wollen, können direkt am Mallory Square im Key West Aquarium die Bewohner der Tiefsee näher kennenlernen oder im ebenfalls angrenzenden Shipwreck Treasure Museum auf Schatzsuche in den Tiefen des Ozeans gehen. Nichts aber übertrifft das Gefühl, am südlichsten Zipfel der USA das Licht im Farbenrausch entschwinden zu sehen.

TIPP

Wer rechtzeitig vor Sonnenuntergang da ist, findet noch einen Sitzplatz an der Kaimauer.

Mallory Square, 400 Wall Street, Key West, FL 33040
www.mallorysquare.com

WELCOME TO
ALLORY SQUARE
MARKET

Frühstück unter Fischen

67

In Mangrove Mike's Cafe auf Islamorada

Ein riesiger künstlicher Hai vor der Eingangstür weist den Weg zum besten Frühstück auf Islamorada, vielleicht sogar auf den ganzen Florida Keys. Mangrove Mike's Cafe ist eine Institution, liegt aber so unauffällig innerhalb einer Häuserzeile, dass irgendwann der übergroße Hai als augenfälliges Merkmal vor dem Lokal installiert wurde. Von dem etwas zu schrillen Fotospot sollten sich Besucher aber nicht abschrecken lassen. Was bei Mangrove Mike's auf den Teller kommt, ist von erstklassiger Qualität, üppig dimensioniert und schmeckt vorzüglich. Vom klassischen amerikanischen Frühstück mit Ei, Bacon und Hash Browns über Pancakes bis zu Eggs Benedict und Burritos bietet die Speisekarte alles, was man sich für einen gelungenen Start in den Tag wünscht.

Was das Restaurant allerdings über sein kulinarisches Angebot hinaus so speziell macht, ist seine besondere Atmosphäre. Sie vermittelt zumindest einen kleinen Eindruck von der Lebenswelt der Insulaner. Bei Mangrove Mike's scheint die Zeit stehen geblieben, hat sich das Interieur doch in den vergangenen Jahren kaum verändert. Die Wände sind türkis grundiert mit maritimen Motiven, darüber hängen Dutzende Fotos, ein Schwertfisch und eine Alligator-Attrappe, so dass es schwerfällt, sich auf ein Objekt zu konzentrieren.

Neben dem sympathischen Klimbim wird der Raum von einer großen Theke mit dem Flair der 1950er-Jahre dominiert, um die herum fest montierte Stühle mit türkisen Sitzpolstern gruppiert sind. Der Farbton vermittelt sofort eine freundliche Atmosphäre, das Personal gibt sich größte Mühe, dem zu entsprechen. „Honey", „Sugar" und „Darling" lautet die übliche Anrede, auf die trotz des jederzeit regen Betriebs nicht verzichtet wird. Nur Frühaufsteher haben gute Chancen, ohne längere Wartezeit einen Tisch zu ergattern, alle anderen warten geduldig, oft bis hinaus auf die Straße oder in das angeschlossene Ladenlokal, das Fotos der Inselwelt verkauft, in handgefertigten Rahmen aus dem Holz von Hummerkäfigen.

TIPP

Unbedingt die fantastischen Blueberry Pancakes probieren.

● Mangrove Mike's Cafe, 82200 Overseas Highway, Islamorada, FL 33036, Tel. +1 305 6 64 80 22, www.mangrovemikescafe.com

MANGROVE MIK
Islamorada, Flor
MAHOMES II

Ein Herz für Vögel

68

Wild Bird Sanctuary auf Tavernier

Auf Tavernier, einer kleinen Insel der Florida Keys, darf Icarus weiterleben. Wie sein mythologischer Namensgeber ist der Breitflügelfalke im Flug abgestürzt, aber nicht, weil er der Sonne, sondern den Menschen zu nahe kam. Ein Luftgewehr-Projektil traf ihn an einer Schwinge; dass er überlebte, verdankt er dem Team des Wild Bird Sanctuary, das es sich zur Aufgabe gemacht hat, verletzten Vögeln eine neue Heimat zu geben. Diese liegt inmitten von Mangroven am Overseas Highway, auf Höhe des Mile Markers 93,6.
Ein unscheinbares Schild führt auf eine Schotterpiste und ein paar Parkplätze. Von dort aus sind es nur ein paar Schritte bis zu den Gehegen, die etwa 90 Vögeln einen Zufluchtsort bieten. Ohne die Unterstützung dieser Helfer wären die Tiere gestorben, entweder an ihren Verletzungen oder ihrer Unfähigkeit, in freier Wildbahn zu überleben. Insofern darf man das Sanctuary wohl als Glücksort bezeichnen; in erster Linie für die Vögel, aber auch für die Besucher, die dort das beglückende Gefühl erleben dürfen, was Tierliebe zu leisten vermag. Hinweistafeln vor den Käfigen erzählen die Geschichten der Geretteten. So lernt man die Kreischeule Professor Moody kennen, die ein Auge verloren hat und mit ihrer Artgenossin Luna Lovegood zusammenlebt. Oder die ebenfalls von Luftgewehrmunition getroffenen Rotschulterfalken Bonny und Clyde, die zwar geheilt, aber den Herausforderungen der Freiheit nicht mehr gewachsen sind.
Holzstege führen an den geräumigen Käfigen vorbei, tief hinein in die Vegetation bis ans Ufer der Lagune. Vor mehr als 30 Jahren erwarb Laura Quinn das verwilderte Grundstück, das sich ideal eignete als neue Heimat für ihre gefiederten Schützlinge. „Bird Lady", Vogelfrau, wurde Quinn auch genannt. Gemeinsam mit dem Veterinär Robert Foley gründete sie das Wild Bird Center, zum Wohle der Tiere, aber auch, um die Menschen für das sensible Miteinander mit den verletzlichen Geschöpfen zu sensibilisieren. Quinn ist 2010 gestorben, ihr Vermächtnis bleibt.

TIPP

Auch das Wild Bird Center mit Shop und Ausstellung etwas den Highway runter besuchen.

● Laura Quinn Wild Bird Sanctuary, 93600 Overseas Highway, Tavernier, FL 33070, Tel. +1 305 8 52 44 86, www.keepthemflying.org

Schützenswerte Gewässer

69 John Pennekamp Coral Reef State Park auf Key Largo

Weit reicht das Auge über die Mangroven hinweg. Das Meer glitzert türkisblau. Palmen wiegen sich im Wind, Pelikane und Möwen ziehen ihre Runden. Nur ein paar Menschen sitzen am Strand oder waten im flachen Wasser. Jemand liegt in einer Hängematte am Strand. Süßes Nichtstun.

Der John Pennekamp Coral Reef State Park ist häufig die erste Station, wenn man auf den Keys und der ersten Insel, Key Largo, angekommen ist. Der Park wurde benannt nach John D. Pennekamp, einem Zeitungsverleger aus Miami, der sich auch für die Gründung des Everglades National Park eingesetzt hat. Das Naturschutzgebiet auf Key Largo, das bereits 1963 eingerichtet wurde, gilt vor allem dem Ökosystem Meer. Der Coral Reef State Park erstreckt sich 25 Meilen lang und drei Meilen breit in den Atlantik hinein. Denn in diesem Gebiet gibt es die einzigen lebenden Korallen der kontinentalen USA zu sehen – eine Tour mit dem Glasbodenboot lohnt also. Korallen in den schönsten Formationen finden sich in den tropischen Gewässern, dazu bunte Fische wie Papageien-, Kaiser- oder Doktorfische; auch kleine „Nemos“ tummeln sich in den bunten Anemonen nur wenige Meter unter dem Glasboden des Bootes. Mit etwas Glück entdeckt man sogar eine Meeresschildkröte. Nur beim Schnorcheln oder Tauchen bekommt man allerdings die 280 Kilogramm schwere Christusstatue „Christ of the Abyss“ zu sehen, die in acht Metern Tiefe versenkt wurde und pittoresk von Algen bewachsen ist. Sie ist mittlerweile zum Wahrzeichen des Parks geworden.

Wer lieber an Land in die tropische Natur eintauchen will, kann auf Holzstegen die Mangrovensümpfe erkunden. Herrlich ursprünglich und naturbelassen ist es hier. Im Visitor's Center erfährt man nicht nur jede Menge über die spezifische Flora und Fauna der Keys, sondern auch über die Geschichte des Parks. In einem Aquarium bekommt der Besucher einen kleinen Überblick über die hiesigen Meeresbewohner – ohne dass er selbst einen Fuß ins Wasser setzen muss.

TIPP

Im Park kann man Kajaks, Kanus und Stand-up-Paddle-Boards mieten, um die Küstenlinie zu erkunden.

● John Pennekamp Coral Reef State Park, 102601 Overseas Highway, Key Largo, FL 33037, Tel. +1 305 6 76 37 77, www.pennekamppark.com

Fisch auf den Tisch

70 Maritimer Genuss in der Keys Fisheries auf Marathon

Hummer mit Sauerkraut und Käse auf Toastbrot – eine ungewöhnliche Kombination lockt die Menschen an diesen etwas abgelegenen Ort und beschert kulinarisches Glück. Das Lobster Reuben Sandwich hat die Keys Fisheries weit über die Inselgruppe Marathon hinaus bekannt gemacht. Bislang wurde es dort mehr als eine halbe Million Mal verkauft. Der kleine Hafen mit Selbstbedienungsrestaurant ist zum Treffpunkt von Einheimischen geworden oder von ortskundigen Touristen, die auf halbem Weg von Miami nach Key West eine kleine Pause einlegen wollen. Dabei besitzt dieser unprätentiöse Hafen durchaus Aufenthaltsqualität. Dort lässt sich prima einer der spektakulären Sonnenuntergänge der Keys erleben.

Die Zufahrt zu den Keys Fisheries ist leicht zu verpassen. Der Highway One gleicht dort mitten in Marathon einer der üblichen US-Geschäftsstraßen, nicht dem Traum-Highway, der er eigentlich ist. Richtung Key West biegt man an der 35. Straße rechts ab und kommt an einen unbefestigten Parkplatz. Direkt dahinter steht schon die zweistöckige Tiki-Hütte mit Strohdach, das einen Hauch von Karibik verströmt. Von dort blickt man auf das kleine Hafenbecken und das türkisblaue Meer. Dort, abseits des stetig fließenden Verkehrs der Hauptstraße, liegt eine kleine, ruhige, fast verschlafene Oase, die erst abends wirklich zum Leben erwacht.

Schon 1967 wurde das Keys Fisheries Fish House an diesem Hafen eröffnet. Der Keys Fisheries Market kam im Jahr 2000 dazu; in ihm kann man frisch gefangenes Seefood auch für zuhause kaufen. Spezialitäten sind lokale Fische wie Mahi Mahi, Grouper (Zackenbarsch), Hummer und die Stone Crab Claws, die Scheren der Steinkrabbe, einer süßlich-mild schmeckenden Delikatesse direkt aus dem Meer rund um die Florida Keys.

Man bestellt am Fenster und sucht sich selbst einen Platz. Am besten ist der Blick natürlich im ersten Stock der Tiki-Hütte, wo eine Bar vor allem abends als Treffpunkt dient und eine kühle Brise vom Meer für Abkühlung auch an heißen Tagen sorgt.

● Keys Fisheries – Restaurant, Market & Marina, 3502 Gulfview Avenue, Marathon, FL 33050, Tel. +1 305 7 43 43 53, www.keysfisheries.com

Party mit Piraten

71 Zu Gast in der Bar Schooner Wharf auf Key West

Entspannt in den Abend segeln lässt es sich an vielen Orten auf Key West – aber wohl an keinem mit so viel authentischem Abenteurerflair wie im Restaurant Schooner Wharf an der William Street. Ursprünglich beheimatet an Bord des Segelschiffs Diamante, wurde die Bar irgendwann an Land verfrachtet und dort zum Treffpunkt für Seeleute und Landratten erweitert.

Sympathisch hemdsärmelig geht es noch heute zu in der rustikalen Kneipe am alten Hafen; wer etwas vom Geist des historischen Key West erspüren will, muss sich dort an der Theke nieder- und auf ein Gespräch mit braun gebrannten Seebären einlassen. Vielleicht erzählen sie davon, dass der Schatzsucher Mel Fisher das Lokal einst als seinen größten Fund bezeichnete und der Autor Charles Kuralt davon schwärmte, sich dort im Zentrum des Universums zu befinden. Sieben Jahre in Folge wurde die Kneipe zur beliebtesten der Insel gekürt, was sogar der New York Times einen Artikel wert war.

TIPP

Unbedingt das Programm checken; im Lokal werden gerne Bälle und Feste gefeiert.

Tatsächlich verströmt die Bar eine eigene Aura, der sich die Gäste nur schwerlich entziehen können, was auch daran liegen mag, dass die Besitzer Evalena und Paul Worthington alles dafür geben, sich abzuheben von der oft sterilen Einheitsoptik umliegender Konkurrenz. Mit Charme gegen Schick lautet die Devise von Schooner Wharf, auf deren kleiner Bühne fast allabendlich Musiker die Gäste in die Nacht begleiten. Ein Großteil der Tische liegt unter freiem Himmel, das Hauptgebäude wirkt auf den ersten Blick wie aus losen Brettern zusammengezimmert. Übervoll mit nautischen Memorabilien dekoriert, verströmt dieser Vergnügungsdampfer so viel Wohlfühlatmosphäre, dass man sofort anheuern möchte für die nächste große Fahrt.

Und wer immer davon träumte, hoch oben am Mast nach Piraten Ausschau zu halten, wird ebenfalls fündig – vom ausgebauten Oberdeck im ersten Stock schweift der Blick weit über den Hafen mit seinen Yachten, Schonern und Schaluppen hinaus aufs Meer und lässt das Herz jubilieren angesichts solch verschwenderischer Schönheit.

● Schooner Wharf Bar, 202 William Street, Key West, FL 33040, Tel. +1 305 2 92 95 20
www.schoonerwharf.com

A LAST LITTLE PIECE of OLD KEY WEST
SCHOONER WHARF
BAR

Unterwasser-Wunderwelt

72

Schnorcheln am Korallenriff von Looe Key

Es leuchtet türkis, grün, beige oder tiefblau: Auf den Florida Keys ist das Meer allgegenwärtig. Die schmalen Landstücke sind umgeben vom scheinbar endlosen Atlantischen Ozean im Süden (Oceanside) und der Florida Bay (Bayside) im Norden. Um sich dieser Unterwasser-Wunderwelt ganz hinzugeben, sollte man schnorcheln oder tauchen gehen. Vor den Florida Keys liegt das drittgrößte Barriereriff der Welt, Schutzgebiet und Heimat zahlreicher tropischer Fische und Korallenarten. Der Klimawandel hat zwar auch ihm zugesetzt, aber dank eines engagierten Korallenaufzucht-Programms ist es gelungen, viele Flächen wieder aufzuforsten. Für erfahrene Taucher bieten die zahlreichen Wracks ein Eldorado. Aber auch Schnorchler geraten ins Schwärmen. Vor allem ein Ausflug gen Süden lohnt sich wegen der großen Fische, die man dort sehen kann. Looe Key ist eines der spektakulärsten Flachwasserriffe und deshalb ein so beliebtes Schnorchelrevier. So bietet zum Beispiel das Unternehmen Captain Hook täglich vierstündige Schnorcheltouren ab Marathon oder Big Pine Key an. Mit dem Motorboot geht es rund 20 Minuten gen Süden. Aufgrund seiner geringen Tiefe eignet sich Looe Key Reef bestens für Schnorchler aller Erfahrungsstufen. Meistens stoppt das Boot an zwei unterschiedlichen Stellen. Trotz der Wassertemperatur von mehr als 20 Grad empfiehlt sich ein Taucheranzug, um nicht auszukühlen. Das Wasser ist meist so klar, dass man ohne Probleme weit sehen und so die Schönheit der Unterwasserwelt in all ihren Farben genießen kann.

TIPP

Wer sich beim Aufforsten der Korallen engagieren will: www.coralrestoration.org.

Gelbschwanz-, Kaiser- und Papageienfische, Barrakudas und Muränen – 150 verschiedene Fischarten tummeln sich dort. Mit etwas Glück sieht man auch Schildkröten, Riffhaie und Rochen. Das Wasser ist nur zwischen drei und sechs Metern tief, so dass man den Unterwasserbewohnern teils sehr nah kommt. Auch die mehr als 50 Korallenarten faszinieren: Elchhorn-, Stern-, Gehirn- und Feuerkorallen entführen mit ihren ungewöhnlichen Formen in eine fremde Welt. Ein unvergessliches Erlebnis!

● Captain Hook's Looe Key Reef Adventures, 29675 Overseas Highway, Marathon, FL 33043, Tel. +1 305 8 72 98 63, www.looekeywatersports.com

Leben wie im Himmel

73

Im Restaurant Blue Heaven auf Key West

Einst veranstaltete Schriftsteller Ernest Hemingway dort Boxkämpfe, wetteten die Insulaner auf den rauflustigsten Hahn oder spitzten ihre Billard-Queues mit Kreide. Auch hochprozentige Spirituosen wechselten in dem verschachtelten Gebäude an der Thomas Street in Key West den Besitzer, es wurde getanzt, der Liebe und dem Schauspiel gefrönt, kurzum: das Leben in vollen Zügen genossen.

Daran hat sich bis heute nicht viel geändert, nur die Art des Genusses ist eine andere. Gilt das Restaurant Blue Heaven doch als eine der besten Adressen auf der Insel, wenn es darum geht, sich kulinarisch verwöhnen zu lassen. Dabei steht nicht das feine Dinieren im Mittelpunkt, sondern das zwanglose, gesellige Miteinander, das gute und reichhaltige Essen gibt es sozusagen als Sahnehäubchen dazu.

TIPP

Der kleine Shop des Restaurants hat eine hübsche Auswahl an Andenken.

Wer das erste Mal den zauberhaften Innenhof des Lokals unter dem weit ausladenden Mandelbaum betritt, wird denn auch überwältigt von der Woge aus Stimmengewirr, die ihm entgegenschlägt, vom Gewusel des Servicepersonals, das sich mit voll beladenen Tabletts zwischen den vielen Tischen hindurchschlängelt, sowie von den Hühnern und Katzen, die bei alledem noch versuchen, ein paar Krumen zu erhaschen. Nicht nur für sie ist der Garten des Blue Heaven eine Fundgrube. Jeder Besucher muss sich aus der traumhaften Szenerie erstmal etwas herauspicken, um diesen wunderbaren Ort zu begreifen. Die Gäste sitzen auf Plastikstühlen unter Sonnensegeln und großen Schirmen, die Bar wirkt fast wie aus Treibholz grob zusammengezimmert, das tropische Grün der Pflanzen harmoniert mit dem leuchtenden Gelb und Blau der Holzwände.

Es ist diese besondere karibische Atmosphäre, die den Ort auszeichnet und von den Gründern von Beginn an kultiviert wurde. Das Blue Heaven hat sich damit zum heimlichen Zentrum des Bahama Village entwickelt, das aus dem Inselstaat eingereiste Arbeiter mit ihrer Kultur geprägt haben. Nirgendwo sonst auf Key West fühlt man sich der Karibik so nah, strahlt der Himmel so leuchtend blau.

● Blue Heaven, 729 Thomas Street, Key West, FL 33040, Tel. +1 305 2 96 86 66
www.blueheavenkw.com

PONDEROSA

Date mit Delfinen

74 Das Dolphin Research Center auf Grassy Key

Seidig fühlt sich die Haut der Delfine an, glatt und fest, fast wie bei einem Gummireifen. Wer eine Begegnung mit einem Delfin bucht, kommt in diesen Genuss, den Meeressäugern ganz nah zu sein – Glücksgefühle inklusive. Gemeinsam mit einer Trainerin erhält man ein exklusives Date mit zwei Delfinen. Zum Abschied darf man noch kurz ihre Flossen schütteln – ein unvergessliches Erlebnis.

Seit 40 Jahren ist das Dolphin Research Center eine Institution auf den Keys. Beliebt bei Jung und Alt widmet sich das gemeinnützige Projekt der Erforschung der Delfine und der Aufklärung über diese schlauen und liebenswerten Meeresbewohner. Wissenschaft und Natur finden in dieser Lagune harmonisch zusammen. In den großen und kleineren, nur durch Netze vom Meer abgetrennten Becken, die sich perfekt in die Küstenlinie einfügen, leben zurzeit 27 Delfine und drei Seelöwen. Stege verbinden diese Becken, man kann sich als Besucher treibenlassen und die Tiere in Ruhe beobachten. Tiki-Hütten spenden dazu Schatten und sorgen für tropisch relaxte Atmosphäre.

TIPP

Im „Sprayground" mit Wasserfontänen können sich Kinder gut abkühlen.

Manche der tierischen Bewohner waren verletzt und können nicht mehr entlassen werden. Außerdem werden junge Delfine, die ihre Mutter verloren haben, aufgepäppelt. Sie leben hier in „Familien" mit mehreren Delfinmüttern, die es gewohnt sind, fremde Jungtiere anzunehmen und sie zu nähren.

Halbstündlich finden die Vorführungen der erwachsenen Tiere statt. Sie wechseln thematisch: Mal geht es um bestimmte Verhaltensweisen, mal ums Futter, mal um Forschungsergebnisse. Denn die Wissenschaftler untersuchen etwa die kognitiven Fähigkeiten von Delfinen oder wie sie miteinander kommunizieren. Man kann selbst aktiv werden, mit Delfinen schwimmen, mit ihnen malen oder spielen. Die interaktiven Programme sollen es ermöglichen, eine Beziehung zu den bemerkenswerten Lebewesen aufzubauen – die hoffentlich bei jedem Besucher eine lebenslange Leidenschaft für den Schutz der Ozeane entfacht.

● Dolphin Research Center, 58901 Overseas Highway, Grassy Key, FL 33050, Tel. +1 305 2 89 11 21, www.dolphins.org

Surfer-Atmosphäre

75 Morada Bay Beachside Café auf Islamorada

Waterfront Dining, atemberaubende Sonnenuntergänge, Füße im Sand – das allein ist auf den Florida Keys nichts Besonderes. Kein Wunder, bei dieser bevorzugten Lage der Inseln zwischen weitem Himmel und endlosem Meer. Das Morada Bay Beachside Café besticht allerdings schon allein durch seine beachtliche Größe. Es liegt an einem breiten Stück Strand mit Palmen, der von Mangroven eingerahmt wird. Die bunten Tische und Stühle wirken fast ein wenig verloren auf dem endlosen weißen Sand. Hier könnten locker dreimal so viele Leute Platz nehmen und einen der unvergesslichen Sonnenuntergänge von Islamorada genießen.

Das Café wird gesäumt von Surfbrettern, Longboards, Segel- und Kitebrettern und verströmt die Atmosphäre eines Surfer-Cafés, in dem die Sportler sich nach einem Tag auf den Wellen erholen. Getränke und Essen bestellt man direkt an der Bar des Haupthauses und sucht sich einen Platz – auf allen ist das Panorama gleichermaßen umwerfend.

Wer es schicker mag, findet in dem direkt angrenzenden Pierre's Restaurant französische Esskultur gepaart mit karibischem Flair. Die zweistöckige Villa mit den blauen Schlagläden wirkt wie aus den Südstaaten importiert. Man speist auf der Terrasse oder im geschmackvollen Innenraum und kann sich anschließend für einen Digestif in einen der großen Korbsessel direkt am Strand zurückziehen.

In der Netflix-Serie „Bloodline", die auf Islamorada spielt, dienten Restaurant und Café als Setting für Aussprachen zwischen Mitgliedern einer dysfunktionalen Familie. Die traumhafte Kulisse ließ die Gräben in der Familie nur umso größer erscheinen.

Man selbst genießt lieber die Stunden voller Harmonie an diesem traumhaften Ort. Und wenn am späteren Abend die kleinen Lampions mit den Sternen um die Wette glitzern, die letzten Pelikane ihre Runde drehen und man einen Delfin in der Bay sieht, fühlt man sich endgültig im Paradies angekommen. Besser geht es kaum.

TIPP

Gegenüber, im Morada Way, ist eine kleine Kunstmeile mit netten Geschäften entstanden.

- Morada Bay Beachside Café, 81600 Overseas Highway, Islamorada, FL 33036, Tel. +1 305 6 64 06 04, www.moradabaykeys.com

Am Puls der Keys

76 Schlemmen im Fish House auf Key Largo

Es ist der Artikel, der darauf hindeutet, dass hier Besonderes zu finden ist: Nicht nur ein Fischhaus, sondern The Fish House. Obwohl direkt am Overseas Highway in Key Largo gelegen, fährt man an dem Restaurant schnell vorbei, so unscheinbar ist der Flachbau mit dem blauen Dach und den blauen Schlagläden, die meist verschlossen sind und das Gebäude fast abweisend erscheinen lassen. Weit gefehlt. Denn Gäste sind hochwillkommen in diesem Lokal, das seit Jahrzehnten als Institution gilt und gleichermaßen von Einheimischen wie Touristen angesteuert wird. Hat es sich doch den Ruf erarbeitet, den besten Fisch auf den Lower Keys, wenn nicht auf der gesamten Inselgruppe zu servieren. Sogar aus Miami reisen Gourmets an, um in den Genuss von Mahi Mahi oder Yellowtail Snapper Matecumbe Style zu kommen, der beliebtesten Zubereitungsart des Hauses, garniert mit frischen Tomaten, Schalotten, Basilikum, Kapern, Olivenöl und Limonensaft. Dieses wahrscheinlich am häufigsten dort georderte Gericht hat es sogar schon ins nationale Fernsehen geschafft.

TIPP
Abends möglichst reservieren, das Lokal ist auch wochentags gut besucht.

Aber das Fish House punktet nicht nur mit hervorragenden Gerichten aus täglich frisch angelieferten Zutaten, sondern auch mit einer einzigartigen Atmosphäre. Der äußeren Nüchternheit setzt es im Inneren eine fast überbordende Dekoration entgegen. Am Eingang empfängt ein lebensgroßer Pirat die Besucher, unter der Decke baumeln Lichterketten und Fischernetze, an den Wänden hängen unzählige Fotos, Plakate und maritime Fundstücke. Zudem ist das Restaurant in mehrere kleine Räume unterteilt, was es noch gemütlicher erscheinen lässt.

Obwohl es auch eine kleine, dagegen fast schmucklose Terrasse gibt, braucht es für das Gesamterlebnis unbedingt einen Platz im Lokal. Dort lässt es sich dann abtauchen in den kulinarischen Kosmos der Insulaner, für die lecker und lässig zwingend zusammengehören. Das Fish House zelebriert dies Tag für Tag; wer sich darauf einlässt, bekommt neben einem leckeren Essen noch etwas Lebensart mit auf den Weg.

● The Fish House, 102401 Overseas Highway, Key Largo, FL 33037,
Tel. +1 305 4 51 46 65, www.fishhouse.com

Hilfe für Schildkröten

77

Zu Besuch im Turtle Hospital in Marathon

Casper, Mike oder Salty heißen die Patienten. Sie besitzen lustige Namen, die etwas über ihr trauriges Schicksal hinwegtäuschen. Denn alle Meeresschildkröten, die im Turtle Hospital leben, benötigen Hilfe. Viele haben sich an Schiffsschrauben verletzt, andere in Fischernetzen verfangen oder Plastikmüll verschluckt und drohen zu verhungern, wenn der Müll nicht aus ihren Mägen entfernt wird. Das 1986 eröffnete Krankenhaus für Meeresschildkröten hat es sich zur Aufgabe gemacht, kranke und verletzte Tiere zu behandeln, um sie möglichst wieder in die Freiheit zu entlassen. Bei einigen ist dies unmöglich. 24 Schildkröten leben dauerhaft in den kleinen und großen Becken. Die Prämisse lautet: Eine Schildkröte muss mindestens drei Flossen und ein funktionierendes Auge haben, um wieder in die alte Heimat zurückzukehren.

TIPP

Der nahe gelegene Sombrero Beach lohnt einen Abstecher.

Solche Details erfahren Gäste, die diese unterstützenswerte Anlage besuchen. Das Turtle Hospital in Marathon war das erste in den USA und ist das größte, in dem die gepanzerten Meeresbewohner auch operiert werden können. Die Tour durch das Krankenhaus führt hinter die Kulissen und am Operationssaal vorbei. Manche Schildkröten leiden an einem Virus, das Tumore auf ihrer Haut verursacht, die allerdings gut operativ entfernt werden können. Nach einer kurzen Rekonvaleszenz in einem der vielen kleineren Wasserbecken können diese Patienten bald wieder ins Meer entlassen werden. Rund 2000 Meeresschildkröten hat das Krankenhaus bereits behandelt. Viele Arten gelten als gefährdet.

Rund 30 Dollar kostet der Eintritt zum Turtle Hospital – gerade mal so viel wie das Futter für eine Meeresschildkröte pro Tag. Die Einrichtung will Aufklärung im Umgang mit den so verletzlichen Meeresbewohnern betreiben und sie gleichzeitig erforschen. Untergebracht in einem ehemaligen Motel aus den 1940er-Jahren, ist der Pool in der Mitte das einzige Wasserbecken, das den Ärzten vorbehalten ist, die häufig eine Zeitlang hier leben und arbeiten. Alle anderen gehören Casper, Mike und Salty.

● The Turtle Hospital, 2396 Overseas Highway, Marathon, FL 33050, Tel. +1 305 7 43 25 52, www.turtlehospital.org

Turtle Hospital
SEA TURTLE CENTER
Rescue - Rehab - Release
2396
Rescue - Rehab -
305 743

Wunderwerk der Architektur

78

Spaziergang über die Seven Mile Bridge

Sie ist ein gigantisches Bauwerk und gleichzeitig filigran und zerbrechlich. Die Seven Mile Bridge ist ein Wunderwerk der Architektur und muss den Gezeiten und Stürmen trotzen, die ihr stetig zusetzen. Fast elf Kilometer lang, verbindet die Brücke die Stadt Marathon auf den Middle Keys mit dem zu den Lower Keys gehörenden Little Duck Key. Sie ist eine von 42 Brücken des Overseas Highway auf den Florida Keys, dabei aber die längste und prägnanteste. Auch weil neben der 1982 erbauten noch die alte Seven Mile Bridge, gerade frisch saniert, teils parallel läuft und mit ihren dicken Pfeilern einen Hauch Nostalgie verströmt. Genutzt wird sie heute nur noch von Anglern, Fußgängern und Fahrradfahrern.

Ein erhebendes Gefühl überkommt einen, wenn man auf dieser alten, von Eisenbahnpionier Henry Flagler entworfenen Brücke spaziert. Rechts und links die Weite des Ozeans, schweift der Blick kilometerweit, die Wölkchen spiegeln sich auf der scheinbar endlosen Wasseroberfläche. Man ist hier eins mit den Elementen und kann sich ganz dem Zauber hingeben. Die Möwen ziehen kreischend ihre Bahnen und hoffen, von den Anglern etwas Fisch abzubekommen. Auch Naturbeobachter und Fotografen kommen auf ihre Kosten. Besonders vom nördlichen Ende aus gibt es schöne Motive. Eine kleine Tram verkehrt täglich und kann bis zu 60 Passagiere zu der kleinen Insel Pigeon Key transportieren. Auf dem Eiland selbst befindet sich ein kleines historisches Museum, das Besucher selbst oder mit einer geführten Tour erkunden können. Dort erfährt man interessante Details über die Entstehung der Brücke. Pigeon Key diente Anfang des 20. Jahrhunderts als Camp für die Arbeiter, die die Eisenbahn vom Festland nach Key West bauten. 1992 wurden die Insel und die Handvoll verbliebener Gebäude zum National Historic Landmark erklärt und unter Schutz gestellt. So können Touristen heute eintauchen in längst vergangene Zeiten „auf der kleinen Insel unter der Seven Mile Bridge“, als die viele das Eiland kennen.

TIPP

Zum Sonnenuntergang kann man im Sunset Grille direkt am Fuß der Seven Mile Bridge einkehren.

● Seven Mile Bridge, 1090 Overseas Highway, Marathon, FL 33050

Tarpune von Hand füttern

79 Ausflug zu Robbie's of Islamorada

Sicher waren nie Piraten auf Robbie's ansässig. Aber der charmante Ort spielt mit dem Image, ein Refugium für Outlaws und Aussteiger zu sein. Robbie's of Islamorada ist eigentlich eine kleine tropische Marina auf Lower Matecumbe Key, von der aus man auf Boots- und Angeltouren gehen kann. Unter Palmen und Mangroven hat hier alles angefangen mit einem kleinen Markt mit Souvenir-Buden und einem unprätentiösen Restaurant mit Sitzplätzen direkt auf dem Steg. Zünftig ging es hier immer schon zu: Alles verströmt den Charme des Provisorischen, die Böden sind unbefestigt und dementsprechend nass, wenn es regnet. Wer noch ein Mitbringsel sucht, wird sicher fündig: Von T-Shirts über Armbändchen bis zu maritimem Kunsthandwerk findet man alles, so dass sich ein Stopp auf dem Weg nach Key West immer lohnt.

Über die Jahre ist Robbie's ständig gewachsen. Immer mehr Buden und Foodtrucks kamen dazu, so dass selbst der riesige Parkplatz zu Stoßzeiten voll sein kann. Die Hauptattraktion ist aber mittlerweile das Füttern der Tarpune, große Raubfische, die an den Steg kommen. Früher konnte man einfach auf den Steg gehen, Fische kaufen und die bis zu zwei Meter langen Tarpune von Hand füttern – und auch Haie, denn kleine Katzenhaie mischen sich unter die hungrigen Meeresbewohner.

Heute kostet der Zugang zum Steg Eintritt, die Ausschnitte im Steg sind mit Netzen gesichert und einer der Skipper passt mit einer Stange bewaffnet darauf auf, dass die Fische tatsächlich im Wasser landen und nicht in den Bäuchen der hungrigen Pelikane, die Robbie's Fütterungsritual natürlich längst für sich entdeckt haben. Das Wasser ist kristallklar, so dass man die großen Fische gut beobachten und fotografieren kann – ein Erlebnis, nicht nur für Kinder. Ganz Mutige lassen sich die Fische direkt aus der Hand schnappen. Und wer Glück hat, bekommt eine Seekuh zu sehen, auch wenn diese als Vegetarier nicht am Fischfutter interessiert sind.

● Robbie's of Islamorada, 77522 Overseas Highway, Islamorada, FL 33036, Tel. +1 305 6 64 80 70, www.robbies.com

Bis zum Horizont

80 Segeltörn in den Sonnenuntergang vor Key West

Einmal die Segel setzen und sich von tropischen Winden hinaustreiben lassen zum Horizont, davon träumen viele Menschen. Auf Key West lässt sich diese Vision realisieren, zumindest für einen Nachmittag, in den Gewässern rund um die vielleicht schönste Insel der Florida Keys. Mehrere Firmen bieten unterschiedlich lange Törns, zum Beispiel Schooner Appledore, besonders schön sind diejenigen, die den Sonnenuntergang zelebrieren, teils mit Livemusik untermalt.

Aus dem Hafen geht es vorbei am Mallory Square und den Kais der Kreuzfahrtschiffe hinaus aufs offene Meer, aber nicht so weit, dass die Insel außer Sicht geraten würde. An Bord herrscht eine lockere, freundliche Atmosphäre; die Crew bemüht sich nach Kräften, die Fahrt zu einem unvergesslichen Erlebnis zu machen. Sonderlich schwierig ist das angesichts der fantastischen Kulisse nicht, genießt Key West für seine außergewöhnlichen Sonnenuntergänge doch weltweit einen guten Ruf. Selbst kitschresistente Naturen sind nicht gefeit vor romantischen Anwandlungen, zumal wenn sie mit vollen Segeln durch die sanfte Dünung der Karibik kreuzen.

Wer nicht nur konsumieren will, sondern auch anpacken, kommt häufig ebenfalls auf seine Kosten. Die Crew ermutigt, beim Hissen und Einholen der Segel mitzuhelfen, was das Gefühl noch verstärkt, zu neuen Ufern aufzubrechen. Selbst wenn diese nur die altbekannten sind, bleibt das erhebende Gefühl, durch die Takelage oder hinter der Reling dabei zuzusehen, wie die Sonne im Meer versinkt. Wenn im allmählich schwindenden Licht manchmal noch Delfine am Schiff entlanggleiten, scheint die Welt für einen kleinen Moment ihr Repertoire an Schönheit mit vollen Händen auszuschöpfen.

Sicher sind die Segeltörns für die Anbieter ein gutes Geschäft, sie sind es aber auch für die Passagiere, die sich für einige Stunden dem Wirken von Wind und Wellen anvertrauen. Denn ließe sich das erlebte Glück danach abfüllen und mit nach Hause nehmen, wäre wohl eine ordentliche Gebühr fürs Übergewicht fällig.

TIPP

Frühzeitig reservieren, die Touren sind trotz des großen Angebots schnell ausgebucht.

- Schooner Appledore, 205 Elizabeth Street, Unit I, Key West, FL 33040, Tel. +1 305 5 09 90 47, www.keywestschooners.com

Bibliografische Informationen der Deutschen Nationalbibliothek
Die Deutsche Nationalbibliothek verzeichnet diese Publikation in der Deutschen Nationalbibliografie; detaillierte bibliografische Daten sind im Internet über http://dnb.d-nb.de abrufbar.

Konzeption/Satz: Droste Verlag, Düsseldorf
Einbandgestaltung und Illustrationen: Britta Rungwerth, Düsseldorf, unter Verwendung von Bildern von © Fotolia.com: jd – photodesign.de; © iStock: Plociennik Robert
Fotos: Jörg Isringhaus und Marion Meyer, außer: Courtesy of the Greater Miami Convention and Visitors Bureau, MiamiandBeaches.com: S. 123; Florida Keys News Bureau: S. 151 (Rob O'Neal), S. 163 (Andy Newman); Yayoi Kusama, Narcissus Garden, 1966 © Yayoi Kusama/Ota Fine Arts: S. 75
Textlektorat: Annedore Fausak, Neuss

FSC www.fsc.org MIX Papier | Fördert gute Waldnutzung FSC® C011279

Druck und Bindung: LUC GmbH, Greven
ISBN 978-3-7700-2532-9

www.droste-verlag.de